LOVERBOYS 14

GEFAHR IM VERZUG

VON
JOHN PRESTON

BRUNO GMÜNDER

Die in diesem Buch geschilderten Handlungen sind fiktiv.

Im verantwortungsbewußten sexuellen Umgang miteinander gelten nach wie vor die Safer-Sex-Regeln.

Loverboys 14

Aus dem Amerikanischen von Gerold Hens

Leuschnerdamm 31, D-10999 Berlin

Originaltitel: Secret Danger

Umschlaggestaltung: Stefan Adler
Coverfoto: Marc Bessange
Druck: Nørhaven, Viborg, Dänemark

ISBN 3-86187-044-4

GEFAHR IM VERZUG

VON
JOHN PRESTON

I

Alex blickte starr hinaus auf die Boeing 727, die auf der Hauptstartbahn des Lichtburg Airport stand. Sie wirkte auf ihn wie einer der bedauernswerten Vögel, die immer im Ölschlamm steckenbleiben. Eigentlich war die Maschine zum Fliegen bestimmt, dazu, sich in die Lüfte zu schwingen, um Menschen an ihr Traumziel zu bringen oder zu ihren Freunden und Verwandten, die sie besuchen wollten. Statt dessen hing sie am Boden fest. Genau wie die Wasservögel, die von Leuten, die unsere Meere und Seen mit ihren chemischen Abfällen verseuchen, ihres Flugvermögens beraubt werden, war dieser große Vogel von Leuten mattgesetzt worden, die ihr Geld damit verdienten, daß sie mit ihrem Haß die Welt durcheinanderbrachten.

»Auch im Dienst?« Alex wandte sich um, um zu sehen, wer ihn angesprochen hatte. Er kannte das Gesicht aus zahllosen Nachrichtensendungen im Fernsehen. Er erinnerte sich sogar an den Namen des Mannes, der penetrant seine menschliche Betroffenheit zur Schau stellte, wenn er der amerikanischen Öffentlichkeit von den Tragödien in aller Welt berichtete. Rip Stallion. Nicht, daß es wichtig gewesen wäre. Um den Namen von dem Arschloch scherte sich ohnehin kein Mensch. Wahrscheinlich hätte man ihn für einen Darsteller in irgend einer Seifenoper gehalten.

»Kann man so sagen«, antwortete Alex. Er drehte sich wieder um, um aus dem Fenster auf das Flugzeug zu starren, das in mehreren hundert Meter Entfernung vom Terminal, in dem er und der Star der Fernsehnachrichten sich befanden, auf der Rollbahn stand.

Der Reporter musterte den sportlich gekleideten Unbekannten. Gut genug, um im Mediengeschäft zu sein, sah er eindeutig aus, und sein Körper – alle Achtung. Um Erfolg in dieser Sparte zu haben, brauchte man mehr und mehr ein gutes Gesicht und eine anständige Figur. Rip und einige seiner Mitstreiter hatten eine ganze Weile gebraucht, um das mit dem Körper zu begreifen. Schließlich waren sie daran gewöhnt, nur in Anzug und Krawatte vor der Kamera zu stehen. Wofür brauchte man da eine breite Brust?

Aber dann hatte Rip sich die Morgennachrichten angesehen. Alle Nachrichtensprecher machten das. Die *CBS Morning News, Today* oder *Good Morning America* zu moderieren, war das eine große Ziel, dem heutzutage alle amerikanischen Journalisten nachjagten, und dazu mußte Rip wissen, wie man sich den Fernsehgewaltigen verkaufen mußte.

An dem bewußten Tag hatte Bryant mit einem Olympiastar trainieren müssen; Forrest saß in der Badehose am Pool eines Hotels in Tampa, wo er eine Sendung vor Ort machte; und David nahm an einer Modenschau teil, auf der der neue Transparentlook vorgeführt wurde. Verdammt, die hätten das nie hingekriegt, wenn sie nicht gute Körper gehabt hätten.

Rip hatte schon immer zum Fernsehen gewollt. Deshalb hatte er auch seinen Namen geändert. Martin Sackowitz hätte es einfach nicht gebracht. Rip Stallion – das war ein Name, zu dem die amerikanischen Zuschauer Vertrauen fassen konnten. Er hatte eine Untersuchung gelesen, derzufolge der Erfolg bei den Fernsehnachrichten vom Vertrauen der Zuschauer in den Sender abhing. Das hatte er als Teil seines Repertoires in seinen Schwachkopf gekriegt. Außerdem hatte er eingeübt, ernst zu wirken. Wenn die Zuschauer Ernsthaftigkeit wollten – und das behaupteten sie–, dann würde er sie ihnen liefern. Er war so gut darin geworden, daß ein Produzent ihn hatte anschreien müssen, damit er bei einer witzigen Nachricht lächelte.

Den Kerl da konnte Rip jedenfalls nicht unterbringen. Wenn er ihn nicht kannte, konnte es niemand Wichtiges sein. Wahrscheinlich nur irgend so ein Hiwi bei einem der Konkurrenzsender.

Rip schaute zu dem Flugzeug hinaus. Das verdammte Ding stand nun schon seit zwei Tagen da, ohne daß sich etwas änderte. Es wurde immer schwieriger, der Geschichte einen neuen Aspekt abzugewinnen. Das nagte an ihm. Er wußte, daß die hohen Tiere vom State Department etwas vor ihnen verheimlichten. Irgend ein dickes Ding ging in diesem Flieger vor, aber Rip wollte verdammt sein, wenn er wußte, was es war.

Flugzeugentführungen waren eine heiße Sache. Das Publikum fraß sie einem aus der Hand. Aber sie konnten sich hinziehen. Rip wünschte sich nur, daß dieser Operettenstaat irgendwas unternahm. Die aus Malta hatten wenigstens die ägyptischen Kommandos draufgehetzt. Das war ne tolle Story gewesen. Dutzende sterben, während Helden versuchen, sie zu befreien!

Sicher, die Ägypter hatten es ziemlich vermasselt, und später sah es so aus, als wären sie es gewesen, die die meisten Zivilisten, die im Flugzeug den Tod fanden, umgebracht hatten. Aber die Schlagzeilen und die Sendezeit!

Sendezeit war das Allerwichtigste für einen aufstrebenden jungen Reporter wie Rip. Sein Fortschritt wurde daran gemessen, wie lange er seine hübsche Fresse auf den amerikanischen Bildschirm kriegen konnte. Das machte ihm Sorgen. Täglich, seit er hier festsaß, hatte der Sender seinen Beitrag stärker gekürzt. Es war schon schlimm genug, daß die Behörden der Öffentlichkeit nicht verrieten, was hier draußen vorging; unverzeihlich war, daß sie Rip Stallion daran hinderten, vor seiner geliebten Fernsehkamera zu stehen. Da mußte doch eine neue Story stecken, in dieser ...

»Sagen Sie«, wandte er sich plötzlich an Alex Kane, »für wen arbeiten Sie?«

Alex lächelte. Rip registrierte, wie diese grünen Augen aufleuchteten. Sie waren sagenhaft. Sie hatten etwas Elektrisierendes. Auf dem Bildschirm würden die toll rüberkommen. Vielleicht war der Kerl der Verwandte eines Opfers. Gott, das wäre tolles Fernsehen – noch besser, wenn er weinen würde. Allerdings sah der Typ nicht danach aus. Aber wenn ihn die Wut packen und diese grünen Augen aufblitzen würden, wenn er redete, das hätte Rip in den siebten Einschaltquotenhimmel versetzt.

»Ich arbeite frei«, sagte Alex.

»Heißt das, Sie schreiben?«

»Aber nein.« Alex lächelte noch breiter. »Nichts dergleichen.«

Toll, dachte Rip. »Aber was haben Sie dann mit der Sache zu tun? Es ist doch nicht etwa jemand aus Ihrer Familie in der Maschine, oder?« Rip bemühte sich, äußerste Ernsthaftigkeit auszuströmen.

»Könnte man so sagen«. In Alex' Augen erlosch das Leuchten. Einen Augenblick lang wirkte er traurig. Dann reckte er sich zu einer noch steiferen Haltung als zuvor. Rip stellte fest, daß der Mann kräftiger war, als er gedacht hatte. Er trug ein kurzärmeliges Hemd, und es schien, daß bei jeder seiner Bewegungen die Muskeln seiner nackten Arme unterschiedliche Formen einer lebendigen Skulptur hervorbrachten. Der Junge mußte ein beachtliches Nautilustraining absolviert haben, um diese Figur zu kriegen.

»Ich weiß, das ist ein Moment privater Trauer«, fuhr Rip im Ton tiefster Anteilnahme fort, »aber wenn Sie die

Geschichte ihres Kummers mit den Millionen von Amerikanern, die meine Berichte sehen, teilen möchten, könnten Sie ihnen ein Gefühl von Stolz und Hoffnung vermitteln, angesichts –«

Er zweifelte eigentlich nicht daran, daß der Kerl es tun würde. Es war erstaunlich, wie einfach es war, selbst eine Mutter, die vor wenigen Minuten ihr Kind verloren hatte, vor die Kamera zu bekommen. Die Amerikaner liebten den Gedanken, berühmt zu sein, einfach so sehr, daß sie darüber die grundlegendsten Gebote des Anstands beinahe so schnell vergaßen wie die Fernsehreporter selbst. Andy Warhol hatte dem Publikum verkündet, jeder könne für fünfzehn Minuten ein Star sein. Es gab nicht viele, die die Chance verpaßten.

»Wenn Sie eine Kamera auf mich halten, dann schwöre ich Ihnen, daß Sie sie für den Rest Ihres Lebens als Zäpfchen tragen können.«

Rip schreckte einen Augenblick vor der Gewalttätigkeit, die in dieser Drohung lag, schockiert zurück. »Nicht doch, nicht doch, ich verstehe ja, was Sie durchmachen –«

»Einen Scheißdreck verstehen Sie!« Alex drehte sich zu ihm um. Seine Fäuste waren krampfhaft geballt, und sein Gesicht zerfurchten tiefe Zornesfalten. »Das Letzte, was ich will, ist, daß irgend ein blödsinniger Voyeur mich sieht, solange das hier läuft. Man sollte euer gesamtes Pack in die Besserungsanstalt schicken und euch einen Crashkurs in Manieren geben.«

Rip wich mit ausgestreckten Armen vor dem Mann zurück. Der Kerl war irre. Das Leuchten in den Augen, die er eben noch bewundert hatte, hatte sich völlig verändert. Das waren nicht die Augen eines geistig Gesunden. In ihnen lag etwas Bedrohliches, das weit über eine einfache Schlägerei hinausging. Was genau, wollte Rip nicht herausfinden. Schließlich bekam er keine Gefahrenzulage für diesen Auftrag. Lichtburg wurde als lockerer Job eingestuft.

»Ich hätte Sie zum Star machen können«, war alles, was Rip sagte, als er das Gefühl hatte, weit genug von dem Verrückten entfernt zu sein. »Sie haben freiwillig auf die Chance verzichtet.« Alex stand alleine da und fuhr fort, die Düsenmaschine zu beobachten. In dem Flugzeug saßen über hundert Menschen gefangen. Es waren unschuldige Touristen, einfache, hart arbeitende Amerikaner, die ihren großen Europaurlaub machten. Vermutlich hatten sie jahrelang dafür gespart. Er wußte, daß auch Paare auf Hochzeitsreise dabei waren. Und eine Gruppe Studenten von einem College in Missouri, die gerade von einem Jahr im Ausland zurückkamen.

Und dann waren da noch die zwanzig Mitglieder des Red River Social Club.

Für den Rest der Welt war die Red-River-Gruppe eine Studentenverbindung aus Fargo, North Dakota. Es hatte einiges Rätselraten um sie gegeben. Die blutgierigen Nachrichtensender hatten nicht viele Informationen über den Club herausbekommen können, als es auf der Jagd nach Betroffenheitsstories, die sie so sehr liebten, nach Fargo ging: die trauernden Familien und Freunde der gefangenen Geiseln waren nicht sehr entgegenkommend gewesen.

Das hatte seinen Grund. Einen einfachen. Es war der gleiche Grund, aus dem Alex Kane hier stand, um zuzusehen, wie eine lächerliche Privatarmee im vergeblichen Versuch, einen politischen Konflikt zu lösen, von dem in Amerika kaum jemand je etwas gehört hatte, Geiseln festhielt.

Die Mitglieder des Red River Social Club waren allesamt schwul.

Die Leute, die für die Flugzeugentführung verantwortlich

waren, repräsentierten die Weiße Armee von Bosnien. Soweit Alex es verstanden hatte – und er glaubte nicht, der verworrenen Logik wirklich folgen zu können –, waren die Angehörigen der Weißen Armee Nachkommen des alten Adels eines Teils des früheren österreichisch-ungarischen Kaiserreiches, der später zu einem Teil von Jugoslawien geworden war. Er schloß die Augen und versuchte, sich zu erinnern, wie sich das genau abgespielt hatte. Ja, er glaubte, so war es richtig.

Nun dachten diese Spinner, durch die Entführung könnten sie die antikommunistischen Regierungen von Amerika und Lichtburg dazu bringen, die Serben zu überreden, das alte Bosnien wie durch ein Wunder frei- und an den Enkel seines vor Urzeiten abgesetzten Königs zurückzugeben.

Klar würde das klappen. Natürlich. Sie würden auf ihren Gäulen aus dem Sonnenuntergang geritten kommen und die Roten gegen die Weißen austauschen, und alles wäre gebongt. Was für ein Haufen Scheiße.

Es war so blödsinnig, daß es schon wieder witzig hätte sein können. Aber ebenso wie die linken Fanatiker, die sich einen Spaß daraus gemacht hatten, Flughäfen auf der ganzen Welt in die Luft zu jagen, und deren Vorstellung von Weihnachten war, Bomben in Londoner Kaufhäusern zu legen, hatten diese Leute etwas, das jede Hoffnung auf einen Witz ausschloß: Sie waren ausgewiesene Killer.

Sie hatten einen Zug in die Luft gesprengt, als er die Grenze von der Schweiz nach Frankreich überquerte. Und sie hatten, kaum zu glauben, sogar einigen palästinensischen Verbündeten dabei geholfen, einen israelischen Kabinettsminister zu ermorden. Es hatte den Anschein, das einzige, was die Weiße Armee noch mehr haßte als die jugoslawischen Roten, seien die Juden.

Und die Schwuchteln.

Was zum Teufel würde ein Haufen von Idioten wie die wohl tun, wenn sie entdeckten, daß diese stinknormal aussehenden Männer aus Nord Dakota schwul waren?

Alex' Körper war schweißgebadet. Er haßte dieses Gefühl von Ohnmacht. Hätte es eine Möglichkeit gegeben, hinauszugehen und gegen die ganze Gruppe anzutreten, er hätte es getan. Aber diese Möglichkeit gab es nicht.

Das Flugzeug war vollgestopft mit Sprengstoff. Wenn einer der Mitglieder der Weißen Armee geglaubt hätte, die Lichtburger hätten Kommandos auf den Platz gelassen, wäre alles in die Luft geflogen. Es hatte keiner großen Nachforschungen bedurft, um herauszufinden, daß es ihnen mit der Drohung, zusammen mit ihren Geiseln in den Tod zu gehen, ernst war. Jede andere Aktion, die sie unternommen hatten, hatte zum Märtyrertum mindestens eines ihrer Mitglieder geführt.

Man konnte über alle Mittel der Vereinigten Staaten und den gesamten Mut von Alex Kane verfügen, es war keinen Pfifferling wert, wenn eine Gruppe von Fanatikern die Verletzbarkeit des unbewaffneten zivilen Luftverkehrs entdeckte.

Verdammt! Es machte Alex rasend. Er knallte mir der Faust gegen eine der kugelsicheren Glasscheiben, die die Lichtburger vor einigen Jahren, als die Bedrohung ernst geworden war, zum Schutz gegen Terroristen eingebaut hatten.

Lieutenant Bart Conner sah, wie der Fremde mit der Hand auf das Glas einhämmerte. Dann sah er das Glas splittern. Er blieb wie angewurzelt stehen und schüttelte den Kopf. Als Verbindungsmann der amerikanischen Botschaft für Sicherheit kannte er die Anforderungen an solche Scheiben genau. Kein Mensch hätte zu so etwas in der Lage sein dürfen.

Conner wußte, was das zerbrochene Fenster zu bedeuten hatte. Wieder einmal mußte ein Vertragsunternehmen die Regierung abgezockt und minderwertiges Material verwendet haben. Na gut, er würde dafür sorgen, daß man die Akten überprüfte und die Regierung diesmal ihr Geld zurückbekam. Aber nicht jetzt. Er hatte einen viel wichtigeren Auftrag.

»Mr. Kane?« Conner sprach den Mann an, dem es anscheinend völlig gleichgültig war, daß er zusammen mit der Scheibe die Knochen seiner Hand hätte zerschmettern können.

»Ja.« Der Bursche klang eindeutig sauer. Conner schrieb es einem Mangel an Disziplin in den Vereinigten Staaten zu. Conner war der festen Überzeugung, der Kerl könnte einem uniformierten amerikanischen Offizier gegenüber ein wenig mehr Respekt zu erweisen.

»Minister Bartlett wird Sie jetzt empfangen.«

Alex Kane stand auf und nickte. Conner führte den Fremden durch die Gänge des Terminals. Sie hatten versucht, das Gebäude so weit wie möglich zu räumen. Sämtliche Zivilisten sollten eigentlich weg sein, aber es schienen sich mehr neue Leute hier aufzuhalten als Passagiere an einem gewöhnlichen Tag.

Da waren CBS, NBC, ABC, CNN, CNBC, deren Kollegen aus Großbritannien, Frankreich, Schweden, Deutschland, Spanien, Italien, Japan und weiß Gott woher noch. Da war das Heer der Zeitungsjournalisten und ihrer Fotografen. AP, Reuters und noch ein ganzer Haufen. Conner konnte sich über die außerordentliche Menge an Material, das sie mitgebracht hatten, nur wundern. Conner dachte zurück an den Strategieunterricht in West Point. Die komplexen Probleme von Versorgung und Transport waren für das Militär immer eine große Belastung gewesen. Diese Journalisten samt Personal und matériel hätten mit ihrer Beweglichkeit sogar Napoleon begeistert.

Conner hatte geglaubt, der erste zu sein, der zum Lichtburg Airport kam, als vor Tagen der erste Alarm die Botschaft erreichte. Er hatte geirrt. Der örtliche Korrespondent der Washington Post und ein Berichterstatter von International Network News hatten ihn um Längen geschlagen.

Conner führte Alex in die Büros, die sich unauffällig hinter den Ticketschaltern des Flughafens befanden. Für die Dauer der Belagerung waren sie von den örtlichen Behörden beschlagnahmt worden. Eine Abteilung hatte man den Amerikanern und dem Kabinettsmitglied überlassen, das als Zeichen der Sorge um die US-Bürger, bei denen es sich um die Crew und die meisten der Passagiere in dem entführten Flugzeug handelte, aus Washington geschickt worden war.

Conner klopfte an die innere Tür des Büros. Eine barsche Stimme antwortete: »Herein.« Der Soldat trat beiseite und ließ Kane eintreten. Minister Bartlett saß mit dem Rücken zu Alex. Er starrte aus dem riesigen Panoramafenster, das ihm eine perfekte Aussicht auf die Düsenmaschine auf der Rollbahn bot; er schien von der Szene vor ihm hypnotisiert zu sein. »Ich habe strengste Anweisung, mit Ihnen zu reden. Ich weiß nicht, wer zum Teufel Sie sind oder an welchen Strippen Sie in Washington ziehen, daß ein Mitglied des Kabinetts des Präsidenten plötzlich mitten in einer Notlage wie dieser nach Ihrer Pfeife tanzen soll, aber ich bin nicht dumm. Hier sind Sie. Also, was wollen Sie?«

»Ich kenne Ihren Sohn«, sagte Alex nur.

II

Charlie Bergen war einer von Millionen Amerikanern, die an ihren Fernsehgeräten klebten. Es hatte etwas Quälendes, das verdammte Ding einzuschalten und diesen verletzlichen Flieger auf der Rollbahn stehen zu sehen – immer noch. Konnte man da nichts machen?

Eine dröhnende Singstimme brach über ihn herein und übertönte den Fernsehansager. Charlie lächelte, als er die Version seines Freundes Tom vom Triumphmarsch aus Verdis Aida hörte. Die Inszenierung war für Tom selbst ein Triumph gewesen.

Die Philadelphia Opera Company hatte sich an einheimische Bodybuilder gewandt, von denen bekannt war, daß sie Schauspielunterricht gehabt hatten. Sie hatten ein paar zusätzliche Statisten gebraucht, die Speerträger darstellen sollten. Tom und Charlie waren beide begeistert von der Chance, mitzumachen und hatten sich gemeldet, kaum daß sie davon gehört hatten. Beide waren – gelinde gesagt – körperlich für die Rolle als Wächter qualifiziert. Der Besetzungsleiter hatte sie auf der Stelle engagiert.

Ihren ruhmreichen Auftritt hatten sie auf der Bühne der Philadelphia Academy of Music absolviert. Charlie hatte schichtenweise *Texas dirt* aufgelegt – das Ganzkörper-Make up, das immer benutzt wurde, um den Darsteller als Afrikaner auszugeben. Bei Tom war es die natürliche Hautfarbe; er brauchte den Schwarzen nicht zu spielen. Ihre schwulen Freunde waren hin und weg gewesen. Sie waren nicht nur begeistert darüber, daß das Paar die Chance hatte, seinen Traum zu verwirklichen, Teil der Opernwelt zu sein – und sei er auch noch so winzig – , sondern sie hatten auch mehr als wohlwollend das Aufsehen vermerkt, das die Körper der beiden Männer beim Publikum hervorgerufen hatte.

»Liebste, die Frauen fielen in Ohnmacht, und die Männer schmolzen einfach dahin«, hatte ihr Freund Marco auf der sehr privaten und sehr schwulen Premierenparty erklärt. »Als ihr beide mit diesen klitzekleinen Lendenschürzen herauskamt, dachte ich, das Haus müßte aus ärztlichen Gründen notevakuiert werden!«

Na, gut sahen sie ja auch aus. Kraftsport betrieben sie beide seit der Highschool. So hatten sie sich sogar kennengelernt. Während ihrer Collegezeit waren sie beide für einen der zahlreichen Muskelmann-Wettbewerbe im Delaware Valley ausgesucht worden. Sie hatten sich angeschaut und gespürt, daß sie mehr verband als das Interesse an Hanteln. Es war der Beginn eines schrecklich schönen Lebens zu zweit gewesen.

Tom kam mit einem Handtuch um der Hüfte aus dem Bad. Obgleich Charlie wußte, daß sein eigener Körper genau so gut entwickelt war wie der von Tom, bestürzte es ihn immer wieder, den riesenhaften, wie gemeißelten Körper seines Lovers anzuschauen und sich bewußt zu werden, daß das ein Geschenk war, mit dem er allnächtlich das Bett teilen durfte.

Tom kam zu ihm und küßte ihn. Sie waren inzwischen seit sieben Jahren zusammen, und die Zuneigung – und das erotische Interesse – waren so stark wie je in ihrer Beziehung. Die erotische Anziehung war offensichtlich, als Tom und Charlie sich umarmten. Charlie konnte spüren, wie der Schwanz seines Lovers voller Leidenschaft anschwoll, als ob ihre Zungen ihn zu seiner vollen Schlangenlänge beschwören wollten.

Tom und Charlie waren unerschütterlich, was ihr Bodybuilding betraf, hatten jedoch nie auch nur daran gedacht, sich auf Steroide oder andere Drogen einzulassen. Einer der Nebeneffekte einiger Steroide war, daß der Schwanz schrumpelte; das Mittel ließ ihn buchstäblich kleiner werden. Einer der Gründe aus denen viele überzeugt sind, daß Bodybuilder kleine Dödel haben. Sie sehen vor sich die Folgen von jahrelangem Drogenmißbrauch.

Gesunde Männer wie Tom und Charlie jedoch, die solche unerlaubten Medikamente nie anrührten, hatten dieses Problem nicht. Tom war der Beweis dafür. Sein Schwanz war riesig, ein wahrer Gefährte der bewundernswerten Figur, die er sich aufgebaut hatte. Charlie vergötterte den Schwanz seines Lovers. Was ihn anging, war das eines der schönsten Dinge auf der Welt. Kein seelisches Problem würde ihn je davon abhalten, den Geschmack des kraftvollen ebenholzschwarzen Schafts zu kosten, der nun Toms Handtuch teilte.

Charlie griff unter den Stoff und fand Toms Schwanz und die Eier. Die Oberfläche, frisch aus der Dusche, war kühl und glatt. Aus dem großen Schlitz in Toms Schwanz sickerten bereits Lusttropfen. Charlie fing sie mit den Fingern auf und benutzte sie als Gleitmittel, als er mit den Fingern die Eichel des Giganten liebkoste.

Tom war nicht gewillt, lange so mit sich spielen zu lassen. Bald stemmten sich seine starken Hände fest auf Charlies Schultern. Sein Geliebter machte ein Spiel mit ihm, zeigte ihm, was möglich war. Tom war an Möglichkeiten nicht interessiert, ihn interessierte Action.

Charlie folgte der Richtung, die die Hände seines Lovers angaben. Er zog die Zunge aus Toms Mund zurück, war aber nicht bereit, den Kontakt mit seinem Körper aufzugeben. Seine Zunge hinterließ eine Spur warmer Spucke, als er über die mächtige Brust und das feste Ebenholz von Toms Bauch nach unten glitt.

Als sein Mund in die Nähe von Toms zuckendem Schwanz kam, stieß Charlie auf den dicken Busch krauser Schamhaare, den er so liebte. Er fuhr mit der Nase durch die Stelle und ließ das drahtige Haar an Nase und Kinn scheuern.

Tom wurde beharrlicher. Er konnte nicht viel länger auf seinen Lover warten. Erneut zwangen die Hände Charlie zum Ziel, den herrischen Schwanz, aus dem nun als Zeichen höchster Not unablässig Lusttropfen quollen.

Charlie fuhr fort, ihn zu piesacken. Als Tom ihn diesmal nach unten drückte, ließ er den Mund scharf am Schwanz vorbeigleiten. Statt dessen saugte er die dicken Eier in Toms Sack ein. Er schlabberte, als er an den weichen Kugeln züngelte und sie küßte.

Tom konnte sich über die Behandlung nicht beklagen. Er mußte nachgeben. Er lehnte sich zurück und seufzte laut auf, als der warme Mund seines Lovers fortfuhr, seine Eier zu liebkosen. Für ihn war das eines der intensivsten Zeichen maskulinen Vertrauens, einen anderen Mann mit seinen Eiern spielen, sie sogar in den Mund nehmen zu lassen. Wie konnte man größeres Zutrauen beweisen, als dies zuzulassen.

Sobald Tom sich unter der intimen Waschung entspannte, bewegte Charlie sich erneut und nahm, diesmal ohne Vorwarnung, die gesamte Länge von Toms Schwanz in sich auf. Es war wie ein Schock, selbst nach all der aufgestauten Erwartung. Tom konnte einen lauten Schrei nicht unterdrücken, eine Art Siegesgebrüll, ein Sich-Ergeben – alles zugleich.

Charlie hatte in einer Bewegung Toms volle Länge aufgenommen. Er hatte den Mund weit geöffnet und sich dann über den kohlrabenschwarzen Kolben gesenkt, der das Zentrum seiner eigenen und der Lust seines Lovers bildete. Tom war beschnitten, und der dicke Knubbel an der Schwanzspitze war purpurfarben, ein Kontrast zum Schaft, der manchmal fast blau erschien, so dunkel war er.

Charlie glaubte, daß Toms Schwanz irgend etwas Spirituelles hatte, daß er ein Totem irgend einer afrikanischen Religion, der Beweis für eine Art afrikanischen Adels war.

Es fühlte sich gut an, den Schwanz seines Lovers zu lutschen. Es war wie ein Privileg, im innersten Zentrum von dieser afro-amerikanischen Erektion aufgespießt zu werden. Wenn das geschah, wenn Charlie die rechte Begeisterung für Toms Schwanz zeigte, kam immer eine Reaktion. Tom schien geradezu wild zu werden. Er war sonst die meiste Zeit fürsorglich und zärtlich, aber sobald sein Schwanz in Charlies Mund steckte, übernahmen seine Hormone das Kommando.

Tom fing an, mit den Hüften zu stoßen und den Fleischklumpen in Charlies Kehle zu hämmern, ihn zum Würgen zu bringen, ihn zu zwingen, die Atmung zu kontrollieren, während dieser Ebenholzschwanz ihn attackierte. Charlie hatte in diesem Spiel seine eigene Rolle: er würde nie aufgeben. Er würde nie zugeben, daß Toms Schwanz zu groß war oder daß Tom zu grob sein könnte. Charlie konnte nehmen, was immer dieser Mann zu geben hatte; er hatte es früher bewiesen, er würde er wieder beweisen.

Beide ignorierten die Würgegeräusche und die Spuckefäden, die aus Charlies Mundwinkeln drangen. Auf keinen Fall konnte Tom seinen Kolben zu fest in den Mund seines Lovers rammen – das wußte er. Er ließ sich treiben, bewegte sich, wie seine Lust es ihm eingab, fickte Charlies rosa Mund mit seinem schwarzen Schwengel und zwängte ihn in dessen Kehle und wieder heraus.

Tom kam in einer Flutwelle von Sperma, die Charlie zu ertränken drohte. Der salzige Strom wurde so schnell in ihn hineingepumpt, daß er nicht rasch genug schlucken konnte, um alles im Mund zu behalten. Ein Teil der zähen Flüssigkeit trat aus und lief an Charlies Kinn herunter.

Tom warf den Kopf zurück und stieß einen letzten Seufzer aus. Charlie würde nicht aufhören, ihn zu lutschen. Tom wußte das. Er hörte, daß Charlies Hand sich bewegte. Nichts liebte der blonde Bodybuilder mehr, als sich einen runterzuholen, während er seinen Lover noch im Mund hatte.

Tom blickte wieder nach unten und sah, wie Charlies massive Bauchmuskeln sich spannten und lockerten. Er wußte, daß Charlie gleich kommen würde. Der Atem seines Lovers wurde schneller. Seine Beine spannten sich an. Dann wurde der ganze Körper steif, während jeder einzelne Muskel sich im Orgasmus verkrampfte, als sein Schwanz eine lange Reihe von pulsierenden Wogen von Sperma herausschleuderte.

Die heiße Flüssigkeit wurde zum Gleitmittel, als Charlie endlich seinen Halt an Toms Schwanz lockerte und wieder nach oben kam, um seinen Freund zu küssen. Tom konnte seinen eigenen Schwanz auf Charlies Lippen schmecken. Er konnte seinen eigenen Samen schmecken, als sie sich tief küßten und ihre Zungen ihre Münder mit der nach ihrem geilen Liebesakt übriggebliebenen Leidenschaft erkundeten.

Nach einer Werbepause kam der Nachrichtensprecher zurück. Toms Aufmerksamkeit wurde von seinem Freund abgelenkt. »Geht das immer noch?« fragte er.

»Ja«, antwortete Charlie. Er wandte sich wieder dem Bildschirm zu. »Es ist fruchtbar. Da meint man, man lebt in einer zivilisierten Welt, und dann passiert sowas. Kannst du dir vorstellen, wie sich die armen Leute in dem Flugzeug da fühlen müssen?«

»Scheiße. So fühlen die sich. Die Welt wird immer verrückter. Ich glaube, man kann sich auf gar nichts mehr verlassen, außer auf dich und mich.«

»Jetzt sag bloß nicht noch, daß du dir meinetwegen Sorgen machst«, frozzelte Charlie.

»Nein, Baby, deinetwegen mach ich mir überhaupt keine Sorgen.« Tom setzte sich neben Charlie auf die Couch und legte seinem Freund einen gigantischen Arm über die Schulter. Er drückte sie ein bißchen, um zu zeigen, daß er es ernst meinte. »Aber man kann heute einfach nichts an der Verrücktheit der Welt ändern. Das Beste, was man tun kann, ist, sich rauszuhalten. Sich einfach auf das zurückziehen, was man kennt.«

»Ich hab meine ganzen hohen Ideale, die Welt zu verändern und irgend eine Art von besseren Verhältnissen zu schaffen, aufgegeben. Was man sieht, das kriegt man auch, und man sieht, daß die Regierung immer unfähiger wird, einen zu beschützen.«

»Das ist mir ja 'n schöner Satz von 'nem Highschoollehrer!« In Charlies Stimme lag jetzt etwas Spitzes.

»Es ist, wie die Weisen in allen Kulturen sagen. Die Kinder sind unsere einzige Hoffnung. Das ist eine Menge Opfer wert.«

Nun setzte sich Charlie aufrecht hin und machte sich aus Toms Arm frei. Die Anspielung auf ihren ständigen Streit machte ihn ärgerlich. Alles zum Wohl der Kindererziehung!

Er brauchte seine Gedanken nicht auszusprechen. In den vergangenen drei Jahren kreisten sie immer wieder um dieses Thema. Es war ein ständiger Streßfaktor in ihrer ansonsten schönen Beziehung. Von Anfang an hatten sie sich ihrem gemeinsamen Ideal, Lehrer zu sein, gewidmet. Aber als sie das getan hatten, war ihnen, war zumindest Charlie nicht klar gewesen, was sie dafür aufgeben würden.

Beide hatten einen Job in der gleichen renommierten Highschool in einer Vorstadt angenommen, und am Abend besuchten sie Aufbaukurse, um die notwendigen Qualifikationen zu erwerben, die ihnen erlaubten, in die Schulverwaltung zu gehen. Es war zu riskant, irgend jemanden wissen zu lassen, daß zwischen ihnen etwas lief, hatte Tom gesagt. Ihre Karrierepläne könnten den Jordan runtergehen.

Wovon sie außerdem herzlich wenig hatten, war Zeit mit anderen Schwulen. Einige, wie Marco, hatten sie gefunden, als sie angefangen hatten, bei der Philadelphia Opera Company zu arbeiten. Charlie war von dieser Wendung der Ereignisse begeistert gewesen. Es hatte dazu geführt, daß er und Tom die faszinierenden Leute kennenlernten, die in der einheimischen schwulen Theatergesellschaft arbeiteten, und sie hatten erfahren, daß es ein ganzes Netzwerk von schwulen Kulturgruppen, die Vorstellungen und Konzerte organisierten, überall im Gebiet von Philadelphia gab.

Als Charlie sich jedoch in die Aktivitäten stürzte, hatte Tom immer mehr Angst bekommen. Sie konnten nicht zu dieser Veranstaltung gehen, weil dort Kameras waren; sie konnten nicht zu jener gehen, weil dort Leute vom Aufbaustudium sein könnten. Alles, was Charlie von Tom bekam, waren Steine in den Weg.

»Das sollte doch keine Rolle spielen«, beharrte Tom dann. »Das ist unser Privatleben, und das sollte mit unserer Arbeit als Lehrer nicht das geringste zu tun haben.«

»Und warum bestimmt es dann unser Leben? Sag mir das mal«, schoß Charlie dann zurück. »Wenn das unsere Privatangelegenheit ist und niemand uns deshalb schikanieren sollte, wieso haben wir dann ständig Angst, daß es einer rauskriegen könnte?« Die Kräche wurden nur noch schlimmer. Das war das wirklich Üble daran. Es war Teil ihres

Älterwerdens und der Entdeckung, daß es mehr in ihrem Leben gab, als sie geglaubt hatten. Die Wahrheit war, daß Charlie sich mehr nach einem richtig runden schwulen Leben sehnte, als er es damals, als sie angefangen hatten, hatte wissen können. Und er wollte, daß Tom es mit ihm teilte.

Sobald Charlie herausgefunden hatte, daß ihr Sexualleben nicht einzigartig war, sondern daß es sie zu einem Teil dieser faszinierenden Gruppe von Menschen da draußen machte, wollte er mitmachen. Vor AIDS schreckte er keinen Moment lang zurück. Im Gegenteil, der Gedanke, daß diese Gruppe von Menschen, mit der er sich jetzt identifizierte, bedroht war, machte sie ihm wichtiger als alles, woran er je in seinem Leben Anteil genommen hatte. Er war wütend auf sich – und auf Tom –, daß sie nur symbolische Spenden an AIDS-Gruppen in Pennsylvania gemacht und nicht an der Arbeit teilgenommen hatten, die, wie er wußte, so notwendig war. Sie hatten besondere Fähigkeiten, anderen etwas beizubringen, die unschätzbar sein konnten. Aber sie stellten ihre Fähigkeiten nicht zur Verfügung.

Wenn das einzige Problem Tom und er selbst gewesen wäre, hätte er damit umgehen können. Er hätte kämpfen und streiten und Tom die Gründe dafür begreiflich machen können, bestimmte Chancen und Risiken einzugehen.

Das ganze Bild hatte nur einen Fleck: Tom hatte recht. Sie waren Lehrer. Sie hatten nicht die Möglichkeit, sich zu bekennen und schwul zu sein und weiterhin in der Klasse zu bleiben, die sie beide leiten wollten. Auf dieses Dilemma gab es keine einfache Antwort. Es gab nur die Frustration und den Zorn und das Gefühl der Ohnmacht.

»Wir sind Geiseln!« brach es aus Charlie heraus. »Anders kann man es nicht sehen. Die ganze gottverdammte Welt hat uns mit ihrem Terrorismus und ihrer Dummheit und Angst zu Geiseln gemacht!«

Tom schaute seinen Freund an und wußte nicht so recht, was dem heute abend so durch den Kopf ging. Er legte den Arm wieder um Charlies Schulter und zog ihn zurück auf die Couch. »Ist das der Terror, den du meinst?« fragte er, während er ihn spielerisch befummelte. »Oder machst du dir über die Proben zu Attila nächste Woche Sorgen?«

Charlie versuchte, seine Wut in Schach zu halten. Aber es gelang ihm nicht – nicht mit dem warmen, nackten Körper an seiner Seite. Er griff nach unten und zog Toms Hand weg von seinem Schoß, um sie durch die eigene zu ersetzen. »Attila, kein Wunder, daß du Verdi unter der Dusche gesungen hast.«

»Verdi, verdammt! Junge, ich hab ganz andere Songs, die ich mit dir singen möchte.« Er zog Charlie an sich, und sie fingen an, sich zu küssen. Während sich auf dem Bildschirm das Geiseldrama abspielte, zog sich das Liebespaar in seine private Welt zurück, wo, wie Tom überzeugt war, niemand sie je verletzen konnte.

III

Joseph Farmdale hätte es geliebt, zur Geisel genommen zu werden. Er hätte sogar dafür bezahlt. Wenn er sich noch einen Sousa-Marsch würde anhören müssen, dachte er, würde er seiner Trommelfelle nie wieder Herr werden.

Unruhig rutschte er in seinem Sessel im Hauptsaal des Wang Center in Boston herum. Das mußte jetzt doch das Ende des Sousa-Teils des Programms sein. Was sollte da noch kommen? Mein Gott, stöhnte er in sich hinein, als die Eingangstakte der Musik durchs Publikum tönten. Nicht noch eine Version von *Stouthearted Men!* Er legte eine Hand auf Danny Fortellis Arm und blickte den Jüngeren mit entgeisterter Miene an.

»Die sind super, was?« sagte Danny über den Krach hinweg.

Dannys Begeisterung ließ ihn nicht auf Rettung hoffen. Joseph würde es ertragen müssen. Er sank in seinen Sitz zurück und verschränkte die Arme vor der Brust. Die Farmdales waren von eingeborenen Amerikanern gefoltert worden, seit sie sich vor Jahrzehnten angeschickt hatten, ihr eigenes Reich aufzubauen. Sie hatten die Qualen von Kriegen in Asien, Afrika und Europa durchgestanden. Sie hatten Entwürdigungen erlitten, und sie hatten ausgehalten. Er würde nicht dahinter zurückstehen.

Seine Vorfahren hatten sich indessen niemals etwas so Entsetzlichem wie einem gemeinsamen Konzert sämtlicher schwuler Blaskapellen der Vereinigten Staaten stellen müssen. Diese Tortur war unvergleichlich.

Er verstand, daß es in diesem Land und anderswo Menschen gab, die diese Gemeinschaftsmusik genossen. Es gab ja auch Leute, die gern fernsahen und die regelmäßig öffentliche Filmtheater aufsuchten. Es verletzte ihn, daß Danny dazugehörte, aber schließlich war der Kleine noch jung.

Es gab nicht viele, die Danny Fortelli als jung bezeichnet hätten, wenn sie gewußt hätten, was er mit seinen neunzehn Jahren schon durchgemacht hatte. Farmdale schloß voller Reue die Augen. Zumindest teilweise warf er sich es selbst vor. Natürlich hatte er mit dem eigentlichen Anfang nichts zu tun, als die Erpresser einen noch viel jüngeren Danny entdeckt und ihn zu Prostitution und Drogenkonsum gezwungen hatten. Aber er hatte eine Menge mit dem zu tun, was danach passiert war. Schließlich war es Joseph Farmdale gewesen, der Alex Kane losgeschickt hatte. Und Alex Kane war es gewesen, der Dannys Leben wirklich für immer geändert hatte.

Farmdale hatte es kommen sehen. Er hatte sich sogar auf die Zeit gefreut, wenn der Freund seines eigenen verstorbenen Sohnes endlich wieder einen Partner finden würde. Aber manchmal wünschte er sich, es wäre jemand älteres als Danny gewesen. Dann hätte er nicht solche Schuldgefühle haben müssen, daß dem Jungen die Jugend gestohlen worden war.

Er blickte hinüber zu dem jungen Fortelli und zwang sich, wieder einmal festzustellen, daß er wirklich außerordentlich gut aussah. Danny hatte sich über ein paar Blicke lustig gemacht, die man ihnen beim Hereinkommen zugeworfen hatte. Er sagte, die Leute hätten angenommen, er würde von Joseph ausgehalten. Natürlich mußten dann die Gaffer auch annehmen, daß Farmdale ein so großes Vermögen besaß, wie es tatsächlich der Fall war. Hätte auf der äußeren Schönheit von Danny Fortelli ein Preisschild geklebt, dann wäre der Betrag darauf astronomisch gewesen.

Ob James wohl auch so einen Liebhaber gehabt hätte? fragte sich Farmdale. Aber er verscheuchte den Gedanken.

James hatte unmißverständlich klargemacht, daß er bereits den Mann seines Lebens gefunden hatte: Alex Kane, den merkwürdigen Sohn griechischer Fischer aus Portsmouth, New Hampshire. Joseph mußte zugeben, daß James nie in seinem Leben glücklicher gewesen war als zu der Zeit, da er sich Hals über Kopf in den Marinesrekruten verliebt hatte, der in seiner Einheit aufgetaucht war. Das war der Sinn des Lebens; da war ein Grund, zu leben und weiterzumachen. James war ganz außer sich und fröhlich und ...

Joseph gab sich den Befehl, mit diesen Erinnerungen aufzuhören. Das war nicht die Art, wie ein Farmdale sich zu verhalten hatte. Die Familie hatte sich ihren Platz in Amerika nicht dadurch erobert, daß sie sich in Wehleidigkeit erging. Ein leichter Stich von Bedauern – das war alles, was er sich nach all den Jahren gestatten durfte.

Er war jedoch Farmdale genug, um seinem anfänglichen Kummer über den Tod seines Sohnes eine ordentliche Dosis Rache beizumischen. Joseph hatte wenig gewußt von der allgemeinen Homophobie, die das Land vergiftete. Er hatte überhaupt nur selten über das Thema Homosexualität nachgedacht. Schließlich war er ein Mensch, der es sich bewußt machen mußte, das Danny Fortelli so ungemein hübsch war. Joseph hätte es niemals von selbst bemerkt. Er hätte auch nicht bemerkt, wenn eine Frau ebensogut ausgesehen hätte. Das hatte er durch den gänzlichen Mangel an Leidenschaft bewiesen, den er seinen zahlreichen Gattinnen entgegengebracht hatte.

Er selbst hatte sich von Männern – oder auch Frauen – noch nie angezogen gefühlt. Dennoch hatte Joseph über den tiefen antischwulen Haß in Amerika – in der Welt – gelernt. Er hatte sich dazu gezwungen, sobald er erfahren hatte, daß dies der Grund für den Tod seines Sohnes gewesen war.

James war in Vietnam ermordet worden, wo er und Alex während dieses verfluchten Krieges stationiert waren. Ein bösartiger Hinterwäldler, der neidisch auf die Bevorzugung war, die James, wie er glaubte, Kane gewährte, hatte den jungen Farmdale von hinten erschossen.

Joseph hatte nicht die Möglichkeit gehabt, Rache zu nehmen; Kane hatte sie bereits vollzogen. Alex hatte sich umgedreht, sobald er begriffen hatte, was los war, und den Mörder an Ort und Stelle hingerichtet. Soweit es den jungen Alex Kane betraf, war hier ein Verfahren oder ein Gericht nicht nötig. Als die Mühlen der Militärjustiz versuchten, diese Logik zu bestreiten, war Joseph Farmdale eingeschritten und hatte einige seiner wertvollsten Beziehungen spielen lassen, um dem Liebhaber seines Sohnes die Freiheit zu erhalten.

Das war der eigentliche Anfang gewesen. Das hatte dazu geführt, daß Alex Kane losstürmte, um gegen sämtliche Mächte zu kämpfen, die es wagten, Schwule als etwas Minderwertiges zu behandeln. Eine seiner ersten Missionen hatten ihn und Danny einander in die Arme getrieben. Seit der Zeit, da Alex gesehen hatte, wie Dannys unschuldige und zarte Träume von Gangstern zerstört worden waren, hatten sie sich nie mehr richtig getrennt. Er hatte Danny dann in seine eigenen Träume aufgenommen. Inzwischen waren sie ein Paar; Freunde, deren gesamte Beziehung auf dem nie endenden Kampf gegen die Feinde schwuler Männer – wo auch immer – gegründet war.

Joseph war tief in Gedanken über die vielen gefährlichen Schlachten, die die beiden ausgefochten hatten, versunken. Besondere Sorgen bereitete ihm die, in die Alex zur Zeit verwickelt war. Danny wäre mit seinem Freund mitgefahren, wenn dazu irgend ein Grund bestanden hätte. Aber es hatte keiner bestanden; es gab nichts, was man hätte tun können.

Farmdales übliches Spionagenetz – das sorgfältig von einem Computersystem überwacht wurde, das der Neid aller privaten und öffentlichen Organisationen auf der Erde war – hatte die Fakten zu Alex und Danny nach Hause in die Berge von New Hampshire übermittelt. Die beiden hatten die Daten überprüft und erkannt, daß ihnen nichts anderes übrigblieb, als die Lage zu beobachten und sicherzustellen, daß nichts geschah, was die Schwulen in diesem Flugzeug unnötig der Gefahr aussetzte.

Danny wäre dennoch gefahren, aber Farmdale war es schließlich gelungen, ihn zur Vernunft zu bringen. Danny hatte den Unterricht zu besuchen und Hausaufgaben zu machen. Schließlich war der junge Fortelli inzwischen an einer Universität in ihrer Nähe eingeschrieben. Aber selbst dieser Gedanke bereitete Farmdale Sorgen. Mit dem Geld, das Alex von James geerbt hatte – der jüngere Farmdale hatte Alex zu seinem Erben gemacht – hätten sie sich leisten können, den Jungen nach Harvard zu schicken. Danny hatte jedoch darauf bestanden, an eine staatliche Universität zu gehen.

Das, war Farmdale sich plötzlich sicher, war der Grund für die Begeisterung für Sousa. Ich wußte doch, warum ich die staatliche Ausbildung hasse!

Mit einem Mal waren sie der Qual des Konzerts enthoben. Alle um sie her, die Schwulen im Publikum sprangen hoch und applaudierten wie wild. Keiner jedoch mit der gleichen Begeisterung wie Joseph Farmdale, als er begriffen hatte, daß dies das Ende des Konzerts bedeutete. Es war vorbei! Er mochte gut über die Siebzig sein, das Ende des Konzerts aber entfesselte eine bemerkenswerte Steigerung athletischen Schwungs in ihm. Zu Dannys Verwunderung klatschte Joseph Farmdale nicht nur, nein, er schrie: »Hossah! Bravo! Hurra!«

Die Menge beruhigte sich, und Farmdale stellte entsetzt fest, daß noch jemand auf die Bühne kam. Es handelte sich um einen recht dezent gekleideten Mann mittleren Alters, der um Spenden für die Kapellen bat.

Farmdale war zutiefst verlegen. Das durfte man doch nicht auch noch unterstützen!

Aber schon wurden von den Platzanweisern Sammelbeutel durch die Reihen gereicht. Joseph schaute hinüber und sah, daß Danny einen Scheck ausschrieb. Farmdale stöhnte auf. Auf keinen Fall würde er bei dem jungen Mann mit weniger davonkommen. Er konnte schon hören, mit welchen Überredungskünsten Danny ihn traktieren würde, wenn er versuchte, aus dem Theater zu kommen, ohne seinen Obolus für »die Kunst« zu entrichten. Er griff in seine Jackentasche und zückte das Scheckbuch. Er streckte die Hand aus und nahm Dannys Stift, als der junge Mann ihn nicht mehr brauchte. Die Beutel kamen zu ihnen, und die beiden unterzeichneten Dokumente fielen hinein.

Vielleicht benutzen sie das Geld ja für eine Reise. Nach Patagonien. Dieser Gedanke behagte ihm mächtig. Während sie sich ihren Weg durch die Menge bahnten, die das Theater verließ, zeigte sich auf Farmdales Gesicht ein breites Lächeln.

Als sie auf die Tremont Street hinaustraten, hatte Danny endlich Gelegenheit, etwas zu dem Älteren zu sagen: »Ich wußte gar nicht, daß es Ihnen so gut gefallen hat. Sie haben ja eine großzügige Spende gegeben.«

Farmdale lächelte. »Ich habe in meinem ganzen Leben am Ende eines Konzerts noch nie eine derartige Reaktion in den Eingeweiden erlebt! Da mußte ich mich doch wenigstens erkenntlich zeigen!«, sagte er, während er in die wartende Limousine einstieg.

Danny folgte ihm ins Auto, und der Chauffeur schloß die Tür. »Manchmal glaube ich, ich unterschätze Sie, Mr. Farmdale«.

»Tu das nie, Danny, tu das nie.« Dann scharrte Farmdale an der Scheibe, die den Fahrgastraum von der Vorderbank trennte. »Fahren Sie los – zum South End.«

Natürlich hatte es in dem Konzert Männer gegeben, die annahmen, daß Farmdale Dannys Sugardaddy war.

»Ich finde das ja ekelhaft«, sagte Olin Long, als er die beiden in Farmdales Taxi einsteigen sah. »Der Kerl sollte sich vor sich selbst schämen.«

»Wieso?« wollte Roger Jones wissen.

»Dafür zu bezahlen«, keifte Olin zurück. »Jeder in dem Alter muß dafür bezahlen, wenn er sowas Geiles am Arm hat. Du weißt, daß da irgendein Geschäft zwischen den beiden abgeht, und du weißt, daß es was mit Geld zu tun hat.«

Manchmal schien es ihm, daß Olin zur Zeit selbst schwer mit seinem Alter zu kämpfen hatte. Er war gerade fünfzig geworden. Roger, der noch Mitte zwanzig war, erschien das nicht alt. »Ein Mann in diesem Alter sollte sich mit einfacher Kameradschaft zufriedengeben.«

So wie du mit mir, seufzte Roger bei sich selbst.

Tatsache war, daß Roger nur zu bereit war, Olin mehr als Kameradschaft zu gewähren. Genau genommen war das der Grund, weshalb er so viele Veranstaltungen mit dem älteren Typen besuchte. Das Problem war nur, daß Olin nicht bereit – oder nicht fähig – war, zu begreifen, was hätte abgehen können. Er blieb distanziert und über jede Andeutung sexuellen Interesses hoch erhaben.

Aber, verdammt noch mal, sie waren gute Freunde. Sie hatten sich in Provincetown kennengelernt. Roger konnte sich an nichts erinnern, was falsch an Olins Körper gewesen wäre, als sie am Herring Cove Beach aufeinandertrafen. Olin hatte eine weite Badehose getragen, aber seine Arme und Beine waren noch kräftig genug für jeden, der sie anschauen mochte – und Roger wollte.

Roger war daran gewöhnt, alle Aufmerksamkeit zu bekommen, die er sich wünschte. Er wußte, daß er ein hübscher Kerl war. Er machte Krafttraining, um seinen Körper in Form zu halten. Er wußte, daß es eine Menge Männer gab, die sich für ihn interessierten, aber er hatte es sich nun mal in den Kopf gesetzt, seine Zeit nur mit Olin verbringen zu wollen.

»Ich glaube nicht, daß was falsch daran ist, wenn ein bißchen Geld hin und her geht«, sagte Roger.

»Ach, tisch mir doch keine Theorien über den Edelmut von Prostituierten auf«, antwortete Olin. »Und daß das alles ist, was zwischen den beiden läuft, das kann ich dir versprechen. Wie könnte irgendein junger Mann an jemandem wie dem alten Knacker interessiert sein?«

Roger hatte seine enttäuschten Hoffnungen schon zu lange unterdrückt. Jetzt hatte er das Gefühl, als wolle Olin ihm zur Krönung auch noch das Konzert ruinieren. Er wollte verdammt sein, wenn das passierte. Er ließ sich von Olin überfahren, emotional und auf jede andere Weise.

»Da ist doch nichts verkehrt an ein bißchen altern, ein bißchen Reife. Schau dich an – du siehst gut aus, du siehst toll aus. Wer würde nicht gerne mit zu dir gehen?«

»Klar, genau. Worauf hast du Lust, auf Disco? Dann geh ich besser heim – für mich ist in den Schuppen kein Platz.«

»Olin! Hör auf! Wieso versteifst du dich darauf, daß sich niemand für dich interessiert? Um Himmels Willen, ich bin interessiert an dir.«

Olin blieb wie angewurzelt stehen. Sie gingen gerade die Boylston Street hinunter, nicht weit vom Park Square. »Wie meinst du das? Du bist einer der Stars von den Bars, einer, den alle anderen jungen Männer wollen. Wieso solltest du dich für mich interessieren?«

»Also wenn du nicht gerade so'n totales Geschiß um dein Alter machst, bist du wirklich echt charmant«, antwortete Roger. »Und du hast einen anständigen Körper. Und du bist sehr gescheit. Und dein Lächeln – zumindest versuchst du nicht zu beweisen, wie häßlich du bist.«

Olin schien im Asphalt des Gehsteigs kleben geblieben zu sein. Er starrte Roger an. »Das meinst du doch nicht ernst.«

»Sag mir, wieso eigentlich nicht. Wieso sollte dich niemand attraktiv finden? Ich gehe gern in Konzerte, ich genieße deine Gesellschaft beim Essen, aber ich habe versucht, näher an dich ranzukommen, seit wir uns am Strand kennengelernt haben.«

Olin ging langsam weiter. Roger blieb an seiner Seite. »Bitte, erklär's mir.«

»Ich hab's einfach nicht für möglich gehalten«, sagte Olin. Ein Weile blieb er stumm. »Du mußt verstehen, daß ich in einer anderen Welt schwul geworden bin als der, in der du jetzt lebst. Das war vor dreißig Jahren, und da war alles ganz anders. Es war viel schlimmer. Und einer der Gründe dafür war ich. Ich war damals genau so schön wie du heute. Ich war einer der Männer, die begehrt waren und auf die man scharf war. Ich erinnere mich noch an meine Abneigung gegen die alten Knacker, die um die Bar rumstanden und hofften, daß sich einer genug besaufen würde, um mit ihnen nach Hause zu gehen – oder uns Geld anbieten würden. Ich haßte die Männer dafür, und ich haßte mich dafür, daß ich's annahm.«

Da hatte er das schwere Geständnis; Roger war sich dessen bewußt. Endlich fuhr Olin fort. »Ich schwor mir, daß ich mich nie derart erniedrigen würde. Auf keinen Fall. Wenn ich es nicht mit Männern in den Fünfzigern packen würde, wenn ich genau so alt war, dann würde ich es mit niemandem mehr packen.«

»Olin, das war vor hundert Jahren!«

»Genau darum geht's ja, oder?« sagte Olin mit traurigem Lächeln. »Ich kam in ein gewisses Alter und stellte fest, daß meine Geschmäcker sexuell weit in der Vergangenheit steckengeblieben waren. Ich stellte fest, daß ich genau wie diese alten Männer zu einem Vampir wurde – einer, der es nötig hatte, sich selbst in der Jugend anderer wiederzufinden. Ich habe es mit keinem mehr in meinem Alter hingekriegt, seit ich Anfang dreißig bin. Und ich weigere mich einfach, eine dieser alten Tucken zu werden, die an den Wänden in der Bar herumstanden und darauf warteten, daß einer aus Mitleid mit ihnen fickt oder so am Ende ist, daß er Geld für seinen Körper verlangen muß.«

Roger beschloß, direkt zum Hauptpunkt ihrer Diskussion vorzustoßen. »Ich halte nicht weniger von dir, nur weil du vor Jahren ein paar Nummern für Geld geschoben hast.«

»Es waren nicht nur ein paar, Roger, es waren eine Menge. Es war genug, um mir die Anzahlung für meine erste Investition im Immobiliengeschäft zu verschaffen.«

»Mann!«

»Ja, Mann. Nur, um dir einen Eindruck von meinem Finanzinstinkt zu verschaffen. Ich mache einen erfolgreichen Eindruck, nicht? Ich habe ein Apartment mit Blick auf Charles und die richtigen Klamotten und alle Freunde und Beziehungen, die man braucht. Aber angefangen hat es alles damals, als ich so bitterarm war, daß mein Körper die einzige Möglichkeit für mich war, aus der Gosse zu kommen.«

»Olin, das ist doch toll – daß du diese Energie hattest, daß du dich so um deine Zukunft kümmern konntest –«

»Um zur Nutte zu werden.«

»Ich wette, du würdest andere Männer in deinem Alter mögen, wenn du dir nur selbst ein bißchen verzeihen könntest. Ich glaube, du projizierst nur deinen ganzen Selbsthaß.«

»Erspar mir das Psychogelaber«, sagte Olin und fing an, schneller die Boylston Street hinunterzugehen. »Komm, wir gehen was trinken.«

Die Bar war proppenvoll mit jüngeren Männern. Es war eine der beliebten Kneipen, wo die heißen Teile rumhingen, die ihre restliche Freizeit in den Sportstudios der Stadt verbrachten. Nicht gerade der geeignetste Ort, dachte Roger zuerst, dann erinnerte er sich jedoch, daß es Olins Wahl gewesen war. Er hatte hierher kommen wollen, die einzige Bar in Boston, wo er auf keinen Fall mit der jungen Kundschaft konkurrieren konnte. Die Meute hier war genau die Art von grausamem Pack, das alles bestätigen würde, was Olin über sich gesagt hatte. Die würden ihn keines Blickes würdigen, wenn sie nicht wußten, daß seine Tasche gut gepolstert war.

Wenn er sich unbedingt drin wälzen will ... dachte Roger. Aber darum ging es gar nicht. Es ging darum, daß Roger diesen Mann wollte, diesen leicht angegrauten, leicht kahlen Mann, der über einen putzigen kleinen Bauch und alle Intelligenz der Welt verfügte. Wie schaff' ich's nur ...

Da kam ihm eine Idee. Er mußte das Dröhnen der Rockmusik übertönen. »Ich mach dir einen Vorschlag.«

»Wie das?« fragte Olin. »Hast du deine idiotischen Versuche, mich zu rehabilitieren, aufgegeben?«

»Will ich ja gar nicht«, antwortete Roger. Er beugte sich näher zu ihm, um Olin direkt ins Ohr sprechen zu können. »Ich kauf mir deinen Arsch.«

»Was?«

»Du hast's gehört. Ich finde, daß du den knackigsten Hintern hier drinnen hast, und wenn ich dafür ein paar hundert Mäuse ausgeben muß, dann mach ich's.« Roger griff in sein Jackett und zog die Brieftasche heraus. Da waren fünf nagelneue Zwanziger. Er legte sie auf den Tresen. »Für dich.«

»Du mußt besoffen sein!«

»Nein, ich bin nur geil auf dich, und ich schätze, das ist der einzige Weg, wie ich dich dazu kriegen kann, mich ernst zu nehmen.«

Olin schaute das kleine Geldbündel an, und – endlich – lachte er. »Du wirfst dein Geld zum Fenster raus!«

»Das muß ich selbst entscheiden«, beharrte Roger. »Und das tu ich erst, wenn ich's ausprobiert habe.«

»Sowas hab ich nicht mehr gehört, seit –«

»Wahrscheinlich seit dem letzten Mal, als einer deinen Arsch gekauft hat. Also, da ist mein Geld. Es ist sauber. Kein Falschgeld. Ich hab dir gesagt, ich will's ausprobieren. Also, was ist, machst du's?«

Olin warf ihm einen Blick zu. »Warum eigentlich nicht?« sagte er so leise, daß Roger ihn kaum hören konnte. »Warum nicht, zum Teufel?«

Sie gingen zu Rogers Wohnung in der Marlborough Street. Sie lag näher als Olins weitaus extravaganterem Heim, und es paßte zu dem Spiel, das sie spielten, daß Olin mit zu Roger kam.

Sobald sie eingetreten waren und die Tür sich geschlossen hatte, wollte Olin wissen: »So, und was soll ich jetzt tun?«

»Ich denke, du solltest damit anfangen, daß du dich ausziehst«, antwortete Roger. Erstaunt stellte er fest, daß er sich in die Rolle des Freiers hineinfand. Der Gedanke, eine solche Macht über die Art des Vergnügens auszuüben, das er und sein Partner haben würden, ließ ihn eine Seite an sich entdecken, die er nicht gekannt hatte.

Olin schnickte seine Schuhe weg und legte danach seine feine Lederjacke ab. Darunter trug er ein Seidenhemd. Es wurde ausgezogen, und Roger konnte die leichte Wölbung von Olins rundlichem Bauch sehen. Aber es war weniger die Körperform, die Roger so gefiel, als die feine Haardecke, die so künstlerisch über Olins Leib gebreitet schien. Seine Brust war von einer Matte bedeckt, die zu einem dünnen Streifen zusammenzulaufen schien, die über seinen Bauch hinweg bis in die Hose verlief.

Die war als nächstes an der Reihe. Roger war verblüfft, zu sehen, daß Olin nur eine äußerst knappe Unterhose trug. Olin schien sich ihretwegen ein wenig zu genieren. »Die heißen Slip«, sagte er. »Ich hab sie in Paris entdeckt. Sowas tragen die Gendarmen unter der Uniform.«

»Die ist toll«, sagte Roger, und er meinte es ernst. Kein bißchen von dem Übergewicht an Olins Leib war wirklich fett. Alles war fest, der reife Körper eines reifen Mannes. Nun, da er fast nackt war, konnte Roger sehen, daß Olins Bauch noch glatter war, als sein restlicher Leib. Die besagte Linie aus Haaren lief über den Unterleib bis in den kleinen Beutel seines Slips.

Dieser konnte den dicken Klumpen Männerfleisch, der dort eingeschlossen war, kaum halten. Roger verspürte den Drang, hinzugreifen und an dem länger werdenden Stück Fleisch, das sich nach oben zum Bund der Unterhose schlängelte, zu ziehen.

»Und, was wolltest du jetzt?« fragte Olin schließlich.

»Ich will dich ficken«, antwortete Roger, der durch die barsche Art der Frage auf sein ursprüngliches Ziel zurückgeworfen wurde. Wenn der andere es auf die rauhe Art wollte, dann war Roger bereit, mitzuspielen.

»Meinst du wirklich, daß mein Arsch hundert Dollar wert ist?«

»Ich hab sie doch bezahlt, oder?«

»Du mußt den Scheiß nicht bis zum Ende durchziehen.«

»Ich will deinen Arsch. Ich hab dafür bezahlt. Also los.«

Olin schien im Innern seiner selbst zu einer gewissen Würde gefunden zu haben. Er griff nach unten und zog elegant seinen Slip aus. Sein Schwengel ragte stolz zwischen ihnen auf. Roger hatte Olin noch nie richtig nackt gesehen und nicht gewußt, wie schlichtweg schön dieser Schwanz war. Kein Wunder, daß es Männer gab, die dafür bezahlt hatten. Der Arzt, der die Beschneidung vorgenommen hatte, hatte einen besonderen Preis verdient. Da war nicht die Spur einer Narbe. Die Eichel war ein dicker Wulst dunklen Fleisches. Gehalten wurde sie von einem langen, fahlen Schaft, den perfekt ein Netz purpurfarbener Adern zierte.

Olin war nicht bereit, an dieser Stelle abzubrechen. Er drehte sich um. Sein Hintern war voll, fest, nahtlos gebräunt. Wer sollte so einen Arsch nicht ficken wollen? Fragte sich Roger.

Rasch zog Roger sich selbst aus. Auf dem Tisch neben dem Bett lagen Kondom und Gleitmittel bereit. »Na komm«, sagte er zu Olin, als er sich auf die Matratze setzte. »Ich bin gleich fertig für dich.«

»Du mußt das nicht machen«, sagte Olin. Erneut überkam ihn Unsicherheit. »Wenn ich je annehmen müßte, daß du das aus Mitleid oder Sympathie machst, würde ich dir nie verzeihen.«

»Ich mach das, weil ich auf ältere Männer stehe, die wissen, was sie mit ihrem Körper anfangen. Jetzt, wo ich weiß, daß du mal ein Profi warst, bin ich sicher, du weißt, was du machst, mit dem, was du hast.«

Roger streifte das Kondom über seinen schon steifen Schwanz und verteilte das Öl darüber, so daß der Gummi im Dämmerlicht der einzigen Lampe, die er eingeschaltet hatte, glänzte.

Olin bewegte sich zögernd zum Bett. Sein Schwanz war keinen Moment lang weich geworden. Roger streckte die Arme aus und zog Olin auf die Matratze. Sie küßten sich zum allerersten Mal. Roger stellte fest, daß Olins Gesicht nicht so weich war, wie das einiger der jungen Männer, mit denen er zusammen gewesen war, aber an dem glatten Rücken oder den geschmeidigen Schenkeln dieses Mannes gab es überhaupt nichts Rauhes.

Der Kuß selbst war voller Aroma – Tabak von Olins Pfeife, der weiche, anhaltende Geschmack des Brandys, den sie in der Bar getrunken hatten. Ihre Hände bewegten sich über ihre Körper.

Urplötzlich wich Olin zurück. »Aber du kannst für mich einfach nicht das Gleiche empfinden wie ich für dich. Du kannst meinen Körper unmöglich so lieben, wie ich deinen bewundere.«

»Was glaubst du, was das hier ist?« schrie Roger, packte seinen Schwanz und zeigte ihm die gummiumhüllte Erektion. »Ein Mann kann mit sowas nicht schwindeln. Es gibt einfach unterschiedliche Vorlieben, Olin. Das ist alles. Mir gefällt dein Körper. Er gefällt mir wirklich. Ich mag das Grau in deinen Haaren, und ich mag das Gefühl von deinem Bauch an meinem.«

»Aber du bist so schön.« flüsterte Olin.

»Du bist schön genug, daß man dafür bezahlt«, antwortete Roger. »Ich will nicht, daß in den nächsten zwanzig Jahren ein Haufen Studio-Clones durch mein Leben marschiert, Olin, ich will etwas mit mehr Substanz. Ich will jemanden mit mehr Reife und Tiefe. Du hast das. Also, jetzt krieg dich und deine Neurosen mal ein, und komm her. Ich will dich ficken, verdammt noch mal!«

Roger nahm Olin mit einer Wildheit, die keiner von beiden erwartet hätte. Es war ein schneller, harter, leidenschaftlicher Fick. Roger war mit aller Kraft, die er hatte, in Olin eingedrungen. Er pumpte auf Olin ein, den er auf Hände und Knie gezwungen hatte. Es war ein tierischer, ein inbrünstiger Fick.

Als sie kamen, schrien beide vor Anspannung auf. Sie brachen zu einem Hügel aus Fleisch über dem Bett zusammen, beide keuchend und schwitzend von der Energie, die sie gerade verausgabt hatten.

Als sie endlich ihre Fassung wiedergewonnen hatten, rollten sie auseinander. Sie lagen Seite an Seite und hielten sich ein paar Minuten lang nur an der Hand, bis einer von ihnen bereit war, über das zu reden, was eben geschehen war.

»Ich denke, nach dem jetzt, kann ich kaum noch an dir zweifeln«, gab Olin schließlich zu. »Das war ja ein Superfick.«

»Du warst auch toll.«

»Ja, aber da ist nur eins.«

»Und was?«

»Das Geld. Ich hatte vor, mir für den Winter einen neuen Kaschmirmantel zu kaufen. Meinst du, du kannst jedesmal mit hundert Mäusen rüberkommen, wenn wir zusammen sind?«

Roger jaulte auf bei diesem Affront. Er packte sein Kissen und fing an, auf Olin damit einzudreschen. Dieser griff zur Selbstverteidigung zu seinem eigenen Kissen, und sie fielen übereinander her, bis beide Kissen in einem Gestöber von Gänsedaunen explodierten. Dann brachen sie nur noch in

Gelächter aus und fielen sich in die Arme. So blieben sie bis zum nächsten Morgen, als sie aufwachten und ihren Tag mit einem Kuß begannen.

»Ich kann mir nicht helfen, ich mach mir Sorgen um Alex«, sagte Danny, während er das gegrillte Hähnchen verspeiste, eine Spezialität des Restaurants, in dem sie aßen. Es sprach für die ausgezeichnete Küche, daß es ihr gelang, aus einem solch einfachen Gericht eine Delikatesse zu machen. Danny schien es jedoch nicht sehr zu genießen.

»Das Leben, das du und dein Partner gewählt habt, hält ständig Gefahren bereit, Danny. Dabei ist dies hier, wahrscheinlich eine der weniger riskanten Aufgaben, die Alex übernommen hat. Was kann er schon wirklich tun? Er steht einfach dabei und beobachtet die Armee von Lichtburg, wie sie das Flugzeug umstellt. Er kann – und wird – sein Möglichstes tun, um das Leben und die Rechte der schwulen Männer an Bord zu schützen. Aber er weiß nur allzu gut, daß er nicht die Möglichkeit hat, eine gekaperte 727 aus den Klauen der Terroristen zu befreien.«

Danny wußte, daß er recht hatte. Er und Alex hatten befreundete Piloten in Minneapolis angerufen, gleich nachdem sie die Nachricht über die Entführung gehört hatten. Sie hatten die Baupläne des Jets studiert und waren sämtliche ausführlichen Berichte über andere Kommandoaktionen bei Flugzeugentführungen durchgegangen. Es war hoffnungslos. Das war einer der Gründe, aus denen Terroristen vor allem Flugzeuge bevorzugten.

»Bitte, mein Sohn, genieße dein Essen. Der Chauffeur verfolgt im Auto das Fernsehprogramm und wird uns benachrichtigen, falls es irgend etwas Neues gibt. Sprechen wir über angenehmere Dinge.«

»War das Konzert nicht super?« fragte Danny, um Farmdales Vorschlag aufzunehmen. Der Ältere seufzte und nippte an seinem Sauvignon Blanc. Unter einem angenehmeren Thema verstand er etwas anderes. Aber glücklicherweise wurde kein Kommentar von ihm erwartet. Danny sprach weiter. »Alex sagt, das sei genau das, wofür wir kämpfen.«

Farmdale fühlte sich einem Herzinfarkt nahe. Er hatte gewußt, daß es so weit kommen würde. Es gab eine Grenze für das, was eine kultivierte Seele wie die seine ertragen konnte. Der Gedanke, es könne irgend eine Verbindung zwischen den Idealen der Farmdaleschen Traditionen und der Kulturschande geben, die diese Bande von Barbaren, die sich Musiker nannten ...

»Nicht alleine die Band ...«

Farmdale faßte sich wieder. »Ach«, sagte er um Verständnis bemüht. »Was denn noch?«

»Das Ganze, daß Schwule all diese Gemeinschaftserlebnisse haben können: Bands und Chöre, Volleyballmeisterschaften und Diskussionsgruppen, alles, was, wie er sagt, eine Gemeinschaft ausmacht. Wenn die Schwulen nicht in das Zeug hineinpassen, das die Gesellschaft allen anderen bietet, sagt er, dann sollten wir einfach losziehen und unser eigenes machen. Wir bilden den Schutzwall, der den anderen genau das ermöglicht.

Er sagt, das sei besonders wichtig wegen AIDS.«

Beide schwiegen einen Augenblick, als das grauenvolle Thema zur Sprache kam. Irgendwann fuhr Danny fort: »Alex sagt, daß jeder die Art von Kraft braucht, die er von anderen bekommen kann, besonders während der Seuche. Er sagt, sogar er braucht sie. Haben Sie je mit ihm darüber gesprochen?«

»Nur ansatzweise. Wir haben natürlich über die großen Spenden gesprochen, die er für die Forschung gestiftet hat.

Er hat sich sehr bemüht, die am schlechtesten finanzierten Initiativen auf diesem Gebiet zu finden. Die tatsächlichen Überweisungen gehen nicht nur über mein Büro, meine Angestellten helfen ihm auch bei den Entscheidungen darüber, wo das Geld am besten angelegt ist.«

»Stimmt, das hat er mir erzählt. Aber haben Sie wirklich mit ihm darüber gesprochen? Er haßt AIDS. Klar, das tun wir alle. Aber er haßt AIDS wirklich. Ich will nicht noch einmal dabei sein, wenn er noch mehr Leute findet wie den Mann in Houston, die es politisch ausschlachten. Junge, Alex wird richtiggehend wild dabei.«

Farmdale hatte dem nichts hinzuzufügen. Auch er haßte diese verdammte Seuche und dies nie mehr, als wenn er Danny Fortelli gegenübersaß – ihm gegenüber empfand er ohnehin schon Schuldgefühle dafür, daß der Junge sein Leben als Partner von Alex Kane führte – und daran dachte, sein Leben, dieses wertvolle Leben könnte ...

»Aber der Aufbau von gemeinschaftlichen Aktivitäten sorgt mit dafür, daß die Leute sich zusammenschließen und versuchen, ihre Probleme gemeinsam zu meistern. Deshalb denkt Alex, sie seien jetzt noch wichtiger als früher.

Es gibt alle möglichen Dinge, sagt er, die erst anfangen, in unser Leben zu treten. Wir müssen dafür sorgen, daß sie von der Krankheit nicht zerstört werden – nicht wenn wir sie mehr brauchen denn je.«

»Bewundernswerte Philosophie, Danny. Wie üblich ist Alex ganz davon erfüllt. Ich wünschte nur, er wäre auch erfüllt von Möglichkeiten, diese Banditen in dem Flugzeug loszuwerden.«

»Ach, das wird er schon irgendwie hinkriegen. Ich hoffe nur, daß er anruft und mir die Chance gibt, zu ihm zu kommen. Glauben sie ja nicht, daß Alex die Absicht hat, das, was da auf dem Flughafen passiert, zuzulassen, Mr. Farmdale. Sie müßten wissen, daß die ganze Geschichte noch ein anderes Kapitel haben wird. Und ich glaube nicht, daß dafür dann eines Ihrer Bücher mit rotem Ledereinband nötig ist. Ich glaube, Alex wird das ganz alleine schreiben.«

Die Bücher mit den roten Ledereinbänden waren die zusammengefaßten Informationen und Daten, die Farmdale und sein Stab für Alex Kane sammelten. Die Erinnerung daran machte Joseph Farmdale traurig. Er war für sie verantwortlich; er war derjenige, der sie zusammengestellt hatte, und er war es gewesen, der sie zu dem kleinen Haus gebracht hatte, in dem Alex und Danny lebten. Jedesmal hatte das bedeutet, daß sie wieder ausziehen und kämpfen würden. Und jedesmal hatte es bedeutet, daß Joseph Farmdale dafür verantwortlich war, wenn Danny wieder ein kleines Stück seiner Jugend geraubt wurde.

»Nehmen Sie ein Dessert, Mr. Farmdale? Der Schokoladenkuchen ist pures Dynamit.«

»Nein, Danny. Ich glaube zur Zeit habe ich mehr als genug Explosionen um mich herum. Mehr als genug.«

IV

Minister William Bartlett war es nicht gewohnt, wildfremde Menschen über die außenpolitischen Absichten der Regierung der Vereinigten Staaten zu informieren. Und ganz bestimmt war er es nicht gewohnt, solche Geheimnisse bekennenden Homosexuellen anzuvertrauen. Über seinen Schreibtisch hinweg blickte er den Mann an, der ihm gesagt hatte, er sei ... schwul. Das Wort drang nicht leicht zu Bartlett durch. Er schloß die Augen und fuhr sich mit der Hand über die Stirn, als wolle er damit den Begriff aus seinem Vokabular streichen.

So einfach würde es jedoch nicht zu eliminieren sein. Was Bartlett anging, war *schwul* kein soziologisch anrüchiges Wort mehr. Es war etwas, das auf ein Mitglied seiner eigenen Familie zutraf. Es war das Wort, mit dem sein ältester Sohn Josh sich zu charakterisieren pflegte. Das bedeutete, daß es Bartlett selbst betraf, nicht nur eine merkwürdige Gruppe von Abartigen.

Er zog sich in seinem Stuhl hoch, in der Hoffnung, eine straffere Haltung würde ihn aus dieser Situation erlösen. »Ich darf Ihre Frage wirklich nicht beantworten, Mr. Kane, schließlich bin ich Mitglied des Kabinetts des Präsidenten. Ich freue mich, einen Freund von Josh kennenzulernen –«

»Ich bin nicht einfach ein Freund.« Der Mann stand auf und ging zu dem Fenster, das einen noch näheren Blick auf die Düsenmaschine bot als das andere. Er starrte hinaus auf die 727. »Ich bin derjenige, der ihm das Leben gerettet hat. Erinnern Sie sich an die Sache in Houston?«

Bartlett erstarrte. Natürlich erinnerte er sich an diesen Alptraum – wie hätte er ihn je vergessen können? Damals war eine unglaubliche Gewalt gegen die Schwulen in der texanischen Stadt aufgeflammt. Bartlett hatte mit nur geringer Sorge zugeschaut, sein Sohn, ein Student an einer der medizinischen Fakultäten könnte darin verwickelt werden. Er hätte nie geahnt, daß Josh tatsächlich ein Angriffsziel war.

Als er endlich begriff, daß Josh einer der Anführer einer Schwulengruppe auf dem Campus war und daß die den Haß schürende Tageszeitung ihn als Opfer ausersehen hatte, war Bartlett vom größten seelischen Aufruhr in seinem Leben erschüttert worden.

Sein Sohn ist ein Schwuler! Nein, nein, das mußte er aus seinen Gedanken verbannen. Zunächst war Joshs Sexualität eine der geringsten Sorgen von Bartlett gewesen. Er war mehr darüber besorgt, daß man versuchte, sein Kind umzubringen. Das war der drängendere und unfaßbare Punkt. Er und seine Frau hatten sich die Beine ausgerissen, um dafür zu sorgen, daß ihre Kinder jeden nur möglichen Vorteil der Welt genossen. Sein eigener Aufstieg in der amerikanischen Politik war in der Tat eine Reihe von Belohnungen für geschäftlichen Erfolg. Zu entdecken, daß da ein winziger Punkt war – eine Frage persönlichen sexuellen Verhaltens – der sein Kind um all die Macht und das Ansehen bringen konnte, das er angesammelt hatte, entsetzte Bartlett.

Als der Friede in Houston endlich wiederhergestellt und Josh nach Hause nach Washington zurückgekehrt war, um zu schildern, was sich ereignet hatte, waren Bartlett und seine Frau so erleichtert gewesen, daß ihr Sohn wohlauf war, daß sie das Thema Homosexualität anfangs überhaupt nicht angesprochen hatten. Statt dessen hatten sie von einem heldenhaften schwulen Mann gehört, der die Gemeinschaft organisiert hatte, um sich gegen die Kriminellen, die ihr Leben bedrohten, zu verteidigen.

Bartlett erinnerte sich an alle Einzelheiten von Joshs Bericht. Der Mann hatte kraftvoll ausgesehen. Er hatte etwas von einem Berufssoldaten an sich gehabt. Dann erinnerte sich Bartlett an eine Bemerkung Joshs über den zornerfüllten Blick, der seinen Helden so ausgezeichnet hatte.

Ja, das war der Mann.

Wie denke ich jetzt über ihn? fragte sich Bartlett. Der Umstand, daß Joshs Bekenntnisse das Wissen um seine Homosexualität beinhalteten, hatte die Familie schließlich in große Schwierigkeiten gestürzt. Dieser Mann hatte Josh das Leben gerettet – das war nicht zu leugnen. Aber er hatte Josh noch zufriedener und, ja, sogar stolz auf seine Sexualität gemacht. Jetzt bestand noch weniger Hoffnung, daß Josh sich überlegen würde, zu versuchen, sich zu ändern – falls überhaupt je eine bestanden hatte.

Einer Sache war Bartlett sich bewußt, seiner tiefen Enttäuschung nämlich, daß sein Sohn sich nicht bereit und in der Lage gefühlt hatte, zu ihm zu kommen und etwas so Wichtiges mit ihm zu besprechen. Er hatte mit seinem Vater nur gesprochen, wenn dieser ihn dazu gezwungen hatte.

Dieser Mann also, Alex Kane, hatte daran Anteil. Bartlett hatte keinen von Joshs Freunden je kennengelernt. Er hatte sich dazu nicht in der Lage gefühlt – bisher. Aber hier war einer.

»Ich weiß aufrichtig zu schätzen, was Sie für Josh getan haben, Mr. Kane. Wirklich. Aber ich kann nicht einfach –«

»Wissen Sie, daß in dem Flugzeug da zwanzig schwule Männer sitzen?« Alex Kane schaute Bartlett noch immer nicht an.

Männer wie Josh ... »Nein« gestand der Minister, »darüber wurde ich nicht informiert. Aber die Regierung wird diese Bürger gewiß nicht anders behandeln als –«

»Die Entführer schon. Die Weiße Armee von Bosnien ist nicht gerade ein großer Förderer der schwulen Emanzipation. Da draußen steht eine Armee von Zeitungsleuten, die sich die Hände nach einer Story lecken. Sie wissen verdammt gut, daß die sich fragen, wieso sie nicht viel über die Gruppe aus North Dakota herausfinden. Jetzt verstehen Sie. Sobald die dieses kleine Leckerli in ihre Tatzen kriegen, geht das um die ganze Welt. Wir wissen, daß die Entführer die Fernseh- und Radiosendungen verfolgen, um sicherzugehen, daß sie eine gute Berichterstattung kriegen. Sie werden es mitbekommen. Und sobald das geschieht, wissen wir genau, wen sie zuerst opfern werden.«

Bartlett fühlte, daß ihm der Schweiß auf die Stirn trat.

Nun drehte Kane sich um und schaute ihn an. Er sprach entschlossen. »Ich will wissen, was genau sie fordern. Sie wissen inzwischen, daß sie die Gefangenen von Jugoslawien nicht bekommen werden. Also müssen sie eine Reihe anderer Forderungen gestellt haben. Stimmt's? Was wollen sie?«

»Der Premierminister von Lichtburg ist unterwegs, um mit mir darüber zu sprechen.«

Kane donnerte mit der Faust auf seinen Stuhl. »Ich will an der Sitzung teilnehmen.«

Bartlett musterte den Mann und fühlte sich überrannt. Vielleicht war es die Erinnerung, daß er diesem Mann für Joshs Rettung verpflichtet war. Möglicherweise auch sein Gefühl der Ohnmacht, das ihn bereitwillig nach jedem Strohhalm greifen ließ. Aber, so erkannte er mit einem Mal, es war noch etwas mehr. Er vertraute Kane. Er vertraute ehrlich darauf, daß dieser eine Lösung finden könnte.

In diesem Augenblick öffnete Lieutenant Conner die Tür zu dem Büro, in dem sie saßen. »Der Premierminister«, meldete er. Der Minister sah, daß der Offizier mißtrauisch zu Alex blickte.

»Euer Exzellenz«, begrüßte Bartlett den alten Aristokraten,

der das Büro betrat. Die beiden Männer hatten sich schon häufig getroffen, sowohl offiziell als auch gesellschaftlich. Sie schüttelten sich herzlich die Hände. »Darf ich Ihnen einen Sonderberater aus Washington vorstellen, Mr. Alex Kane.«

Während der alte Lichtburger Kane die Hand reichte, warf Bartlett Conner einen vernichtenden Blick zu. »Wir möchten jetzt alleine sein, Lieutenant.«

»Jawohl, Sir«, sagte der Militärattaché mit etwas, das einem Seufzer der Resignation nahe kam. Dann schloß er die Tür und ließ die drei allein.

»Herr Minister wir haben eine Reihe abschließender Verhandlungen mit der Weißen Armee geführt.« Der Premierminister griff in seine Manteltasche und zog einen Zettel hervor, der seltsam formlos in seiner kosmopolitischen Hand anmutete.

»Sie verlangen freies Geleit aus dem Flughafen mit freiwilligen Geiseln der Lichtburger Polizei. Die können wir ihnen stellen. Über Freiwillige verfügen wir bereits. Sie verlangen ein Lösegeld von fünf Millionen Dollar. Das werden wir ihnen nicht geben. Schließlich bestehen sie auf einem Eingeständnis von Kriegsverbrechen von Seiten der Regierung der Vereinigten Staaten.«

»Kriegsverbrechen!« Bartlett stand auf und hämmerte auf den Tisch. »Wann haben die Vereinigten Staaten je –«

»Sie beharren darauf, daß die Weigerung der Vereinigten Staaten, ihnen zur Hilfe zu kommen, als die Kommunisten die Macht übernahmen, ein Kriegsverbrechen war«, sagte der alte Mann ruhig.

»Aber wir hätten doch niemals –«

»Geben Sie es ihnen.«

Der Premierminister und Bartlett drehten sich unvermittelt zu dem sportlich gekleideten Mann um, der neben ihnen saß.

»Lichtburg gewährt ihnen freies Geleit; die USA geben ihnen die falsche Entschuldigung; ich gebe ihnen die fünf Millionen Dollar.«

»Das kann nicht Ihr Ernst sein«, entgegnete der Premierminister.

»Oh doch. Sie sagten schon, daß Sie ihnen freies Geleit geben.«

»Ja, um diesen Alptraum zu beenden, würden wir so weit gehen. Aber wenn wir ihren anderen Forderungen nachgeben, schaffen wir einen gefährlichen Präzendenzfall, der künftig andere Terroristen ermutigen könnte.«

»Sie haben keine Ahnung, wie viele Präzedenzfälle Sie schaffen könnten.« Kane schien in dumpfes Brüten zu versinken, bei dem den beiden anderen Männern unbehaglich wurde. Plötzlich tauchte er wieder daraus auf. »Geben Sie ihnen alles, was sie wollen. Wir werden ein Exempel an ihnen statuieren – glauben Sie mir, wir werden ein Exempel an ihnen statuieren.«

Bartlett schien in Gedanken versunken. Er schüttelte den Kopf. »Herr Premierminister, ich denke, wir sollten Mr. Kanes Rat befolgen.«

»Sie sind bereit, sich im Fernsehen vor aller Welt bei diesen Ungeheuern zu entschuldigen? Sie sind für Greuel verantwortlich, die bis heute nicht enthüllt wurden.«

»Ich vertraue Mr. Kane. Ich habe gesehen, wie er arbeitet.«

»Ich werde das Geld besorgen.« Alex Kane griff zum Telefon. Er wandte sich an den Premierminister. »Wie heißt die größte Bank in Ihrem Land?«

»Es ist schon nach Dienstschluß.«

»Dann geben Sie mir die Nummer des Bankpräsidenten. Ich habe so einen leisen Verdacht, daß er mit mir sprechen wird.«

Alex beobachtete das Debakel aus einiger Entfernung. Während der Premierminister den Austausch leitete, verfolgten Hunderte von Kameras die Demütigung. Die Angehörigen der Weißen Armee bestiegen nacheinander die Spezialfahrzeuge, die ihnen zum Transport versprochen worden waren. Sie hatten nur ein par wenige Geiseln dabei; Lichtburger Polizisten die ihre Versicherung dafür waren, daß die Behörden nicht eingreifen würden, wenn sie sich in der Stadt aufteilten.

Die Terroristen hatten ihre Köpfe unter Kapuzen verborgen, die während der gesamten Operation alles außer ihren Augen bedeckten. Sie trugen bewußt weite Kleidung ohne Kennzeichnung. Sie waren schlauer als die meisten – Alex hatte das gewußt. Sie waren nicht so auffällig oder auf persönlichen Ruhm bedacht wie andere Terroristen zuvor. Sie würden durch die Gegend fahren, die Autos wechseln und dann einfach in der Menschenmenge in der europäischen Hauptstadt verschwinden. Sie mußten sich äußerst sicher sein, daß es ihnen gelingen würde. Irgendwo mußten Freunde auf sie warten, denen sie nicht nur Loyalität zutrauten, sondern auch die Fähigkeit, den nächsten Schritt in ihrer Planung zu tun.

Alex spürte die Gegenwart von Leuten, die näher kamen. Er drehte sich um und sah ein Dutzend junger Männer auf sich zukommen. »Wir kennen Sie«, sagte einer von ihnen. Er war nicht älter als fünfundzwanzig. Er erinnerte Alex an Danny. Wie Kanes Freund bewegte sich der Mann elegant; ein Tänzer wahrscheinlich, oder ein Turner. Er war blond – das war ein Unterschied – und er war nicht gut gelaunt. Es war jedoch offensichtlich, daß sich sein Zorn nicht gegen den Amerikaner richtete.

»Woher kennen Sie mich?« erwiderte Alex.

»Sie waren in der Bar – The Underground – kürzlich abends. Ein paar von uns haben Sie dort gesehen. Ich habe von Ihnen gehört, aus Amerika. Sie sind derjenige.«

»Derjenige?«

»Der, der uns hilft?«

»Uns?«

»Wir sind alle von der Schwulenbewegung hier in Lichtburg. Wir nehmen an, Sie haben etwas mit den Leuten im Flugzeug zu tun.«

»Was wissen Sie über die?« Alex konnte sich nicht vorstellen, daß diese Gruppe junger Männer Informationen erhalten haben könnte, die der allesfressenden amerikanischen Presse entgangen waren.

»Genau von dort, The Underground. Sie kamen an dem Abend, bevor sie eigentlich nach Haus fliegen sollten. Sie waren fröhlich und freundlich. Wir haben mit vielen von ihnen gesprochen. Wir lernen gerne Schwule aus Amerika kennen. Als die Nachricht kam, daß das Flugzeug besetzt worden war, wußten wir, daß sie drin saßen und in großer Gefahr waren. Ich sagte Ihnen schon, ich habe von Ihnen gehört. Ich wußte, daß Sie hier sein würden. Wir möchten helfen. Was brauchen Sie? Autos? Fahrer? Kanonen?«

»Keine Kanonen. Jetzt noch nicht.« Alex musterte die Gruppe, die vor ihm stand. Sie waren jung, und es würde ihnen an Erfahrung fehlen. Aber andererseits kannten sie die Stadt in- und auswendig, vielleicht sogar besser als die Polizei. Rasch entstand in Kanes Kopf ein neuer Plan. »Aber es gibt eine Menge, was ihr wirklich für mich tun könnt.«

Der junge Blonde hieß Bernhardt. Er kannte die Männer im Flugzeug wirklich. Er hatte die Wahrheit gesagt; er und seine Freunde hatten die Amerikaner im The Underground kennengelernt. Einer von ihnen hatte dem jungen Lichtburger besonders gefallen. Und es war noch interessanter geworden, als er erfahren hatte, daß der Amerikaner Universitätsprofessor war. Chris Grover lehrte Europäische Geschichte an der Staatsuniversität außerhalb von Fargo. Die meisten Touristen wußten kaum, daß Lichtburg ein unabhängiges Land war, ganz zu schweigen, daß es einst ein mächtiges Fürstentum gewesen war und über eine reiche Kunsttradition verfügte. Chris kannte nicht nur das kulturelle Erbe des Landes, er konnte Bernhardt sogar einige Geschichten erzählen, die der junge Mann noch nie gehört hatte.

Natürlich war das alles Teil einer sehr intensiven, gegenseitigen Anmache gewesen. Die beiden Männer verführten sich gegenseitig charmant zu einem sexuellen Abenteuer. Die langen Schilderungen aus der Regierungszeit Elberts des Großen waren lediglich ein Teil des Vorspiels.

Am Ende waren sie in Chris' Hotelzimmer gelandet. Bernhardt hatte die Begegnung als ungewohnt behutsam empfunden. Es war, als begreife er, daß da etwas vorging, das er bei seinen sexuellen Paarungen gewöhnlich vermißte. Dieser junge Professor aus den USA rührte etwas in ihm an, das normalerweise unangetastet blieb.

Chris war nicht bereit, sich auf solch verklemmte Spielchen einzulassen. Der junge blonde Student war ebenso eindrucksvoll wie jede historische Stätte, die er während seines Europatrips besucht hatte. Er hatte die feste Absicht, ihn genau so sorgfältig zu studieren, wie er sich Notizen über die großen Museen in Berlin gemacht hatte.

Chris zog sich so schnell es ging bis auf die Unterhose aus, dann drehte er sich um und schälte Bernhardt aus den Klamotten. Es war nicht viel Arbeit. Bald standen sie mit Ständern da, die gegen den Elastikbund ihrer Unterhosen stießen.

Chris schien das beinahe zu gut zu laufen; er stellte fest,

daß es ihm überhaupt nicht eilte, sich und Bernhardt ganz auszuziehen. Im Gegenteil, die zarten Bande der Baumwollunterwäsche schienen dem, was ablief, einen beträchtlichen Reiz hinzuzufügen. Er führte Bernhardt zum Bett. Die beiden Männer legten sich hinein, und bald waren ihre Arme und Beine verschlungen im Taumel der Lust.

Die Unterhosen anzulassen war eine brillante Idee gewesen, stellte Chris fest. Die enge Hülle der Unterwäsche hielt ihre Genitalien weich umfangen, ließ jedoch bei beiden einen männlichen Fleischhügel sehen. Während sie sich auf der Matratze herumwälzten, waren sich beide der Massen harten Männerfleisches, die sich so gierig gegeneinanderpreßten, deutlich bewußt.

Selbst als Chris nach unten griff, um in Bernhardts Unterhose vorzustoßen, kam er von hinten. Er spürte die wundervolle Glätte des Arschs des Europäers. Als seine Finger weiter vorstießen und die kleine Öffnung von Bernhardts Loch fanden, verschwand jeder Anspruch auf Zurückhaltung, den die Europäer je stellen mochten. Bernhardt öffnete den Mund, als er Chris küßte und aus seinen Lippen drang ein leises Stöhnen. Der Amerikaner wußte, daß er in diesem Augenblick Punkte gemacht hatte. Er wußte, daß er Bernhardt besteigen würde. Sein Schwanz zuckte erwartungsvoll und erfreut bei dem Gedanken, in dieses geile Dunkel des Mannes einzudringen.

Chris rollte Bernhardt auf den Rücken und zog die Unterhose herunter, die ein so reizvoller Bestandteil des Vorspiels geworden war. Kaum hatte er sie weggezerrt, bereute Chris fast seinen Sieg.

Vor sich hatte er, wie er nun sah, einen der gigantischsten Schwänze, die er je sehen würde. Bernhardt hatte eine hübsche Figur, aber er war schlank. Die schmalen Hüften waren der Grund, daß sein Arsch sich so lecker anfühlte und anschaute. Wer hätte je vermutet, daß an diesem langen, schlaksigen Leib so ein Schwengel hing?

Er war, wie die meisten Europäer, nicht beschnitten, wie Chris erfreut festgestellt hatte. Die natürliche Vorhaut spannte sich eng über die dicke Eichel; sie sah aus wie eine Art Helm, mehr wie eine stolze Hülle, die ein Soldat über seine Waffe gestreift haben könnte, als lediglich der Teil eines menschlichen Körpers.

Chris war von dem Schwanz wie hypnotisiert. Er beugte sich nach vorn und fuhr mit der Zunge unter die Vorhaut, um den scharfen Geschmack der unter ihr gefangenen Säfte zu kosten. Bernhardt genoß die Aufmerksamkeit, war jedoch besorgt. Er stieß Chris von sich, so gut es sich auch anfühlte, vom Mund des Fremden erforscht zu werden. »Vorsicht«, war alles, was Bernhardt zu sagen brauchte.

Chris lächelte. Es mochte nicht besonders schlimm sein, mit einem Schwanz zu spielen, bevor auch nur Lusttropfen erschienen waren, aber er respektierte die Bedenken seines jungen Gastgebers. Safe Sex – genau das wollte Chris auf der Stelle haben.

Der Amerikaner sprang auf und holte ein Kondom aus seinem Gepäck. Er stand am Fuß des Betts und stellte sich ungehemmt zu Schau, während Bernhardt zusah, wie er den Gummi über die steife Masse seines Schwanzes rollte. »Ist dir's jetzt safe genug so?« fragte Chris, als er fertig war. Seine Erektion stand ihm vom Bauch ab, in voller Länge von durchsichtigem Gummi bedeckt. Er ließ seinen Schwanz aussehen, als glühe er im fahlen Licht des Hotelzimmers.

»Safe, ja, genau richtig.«

»Dann mach dich bereit auf Mr. Safe Sex«, ulkte Chris. Er machte einen Satz aufs Bett und zwischen Bernhardts Schenkel. Er riß Bernhardts Beine hoch und auseinander und zwang so den wunderschönen jungen Arsch, sich seiner sorgfältigen Musterung hinzugeben. Ein toller Arsch war das. Der Anblick der goldenen jungen Hügel, die sich teilten, um Chris das Ziel seine Lust zu zeigen, war mehr als genug, um ihn vorübergehend die Wunder des unbeschnittenen Schwengels vergessen zu lassen.

Chris ließ Bernhardts Beine nicht los. Er schaffte es, seinen Schwanz auf die Pforten von Bernhardts Arsch zu richten. Der junge Mann hatte nicht vor, Widerstand zu leisten. Sobald er spürte, daß Chris' Schwanz gegen seinen Schließmuskel stieß, zwang Bernhardt sein Loch, sich zu entspannen, um das Eindringen des feurigen amerikanischen Kolbens willkommen zu heißen.

Chris stieß in einer einzigen, langsamen Bewegung vor, bis sein Schwanz so tief in Bernhardt steckte, daß ihre Schamhaare sich ineinander verflochten.

Erst als er spürte, daß sein Bauch an Bernhardts flachem Unterleib scheuerte, war Chris bereit, den Griff um die Beine seines Partners zu lockern. Er ließ ihn sie sich über die Schultern legen. Dann umfaßte er mit den Händen die saftigen Hügel von Bernhardts Arsch.

»Ja, ja«, sagte der junge lichtenburger Student leise, um seinen amerikanischen Liebhaber zu stürmischerer Leidenschaft zu ermuntern. »Bitte, bitte.«

Chris war froh, den leisen Schreien in der Nacht entgegenzukommen. Er bewegte seinen Schwanz locker, aber kraftvoll, vor und zurück, hinein und heraus aus dem glitschigen Innern von Bernhardts Leib.

Bernhardt hatte nicht vor, zu warten, bis sein neuer Freund für seine Lust sorgte. Noch während Chris ihn fickte, packte Bernhardt seinen steifen Schwengel, um sich einen runterzuholen. Auf diese Weise konnte er sich auf Chris einstellen; er konnte sich steuern und immer näher zum Orgasmus bringen, je mehr er spürte, daß Chris kommen würde.

Als Bernhardt erkannte, daß die Art, in der Chris' Körper sich verkrampfte, den bevorstehenden Orgasmus ankündigte, fing er an, sich schneller und fester zu wichsen. Er spürte, daß die Säfte in ihm aufstiegen, während seine Faust sich immer schneller bewegte.

Bernhardt kam etwas früher. Er schrie dabei auf, und sein Schließmuskel krampfte sich um Chris' Ständer zusammen. Der Druck war so stark, daß Chris die Kontrolle über seinen Körper verlor. Tief in seinem Innern explodierte sein Orgasmus nach eigener Willkür; er hatte keine Gewalt mehr darüber.

Als sie fertig waren, zog Chris seinen Schwanz aus der warmen Umarmung von Bernhardts Arsch. Er entfernte das Kondom und ließ es in den Papierkorb fallen. Chris betrachtete den schleimigen Gummi und sagte: »Welch eine Verschwendung.«

»Wenn es bedeutet, daß du gesund bleibst, ist es keine Verschwendung«, gab Bernhardt zu bedenken. »Ich bin es, dem der Genuß an deinem Sperma entgangen ist. Ich hätte es gerne in mir gespürt. Aber wenn es heißt, länger zu leben und mehr Zeit mit dir zu haben, soll es mir recht sein.«

Chris blickte seinen neuen Gefährten an. »Du möchtest mehr Zeit mit mir verbringen?«

Bernhardt wurde rot. »Ja, eigentlich schon.«

Nach dem Sex, während sie sich noch in den Armen lagen, fingen sie an, mit noch größerer Vertrautheit und Offenheit zu reden als früher am Abend, als sie sich kennengelernt hatten. Sie hatten im anderen einen Menschen getroffen, der interessant war und den es wert war, zu kennen.

Es ist ein Risiko, Pläne mit jemandem zu schmieden, den man nur auf der Tanzfläche einer Disco und zwischen den Laken eines Hotelzimmers kennengelernt hat, aber es ist eines der wichtigen Risiken im Leben, und diese beiden Männer hatten beschlossen, es zusammen zu versuchen.

Aus diesem Grund war Bernhardt so besonders um das Flugzeug auf der Rollbahn des Flughafens besorgt. Seine neue Liebe saß darin gefangen. Er würde alles tun, um sie aus dieser Gefahr zu befreien.

V

Alex hätte Bernhardt nicht als denjenigen erkannt, den er vor so kurzem erst kennengelernt hatte. Sein blondes Haar wurde von einer schwarzen Mütze verdeckt. Sein bleiches Gesicht war mit Ruß verschmiert. Nur seine blauen Augen verrieten ihn. Alex war, als er die beiden durchdringenden Kreise, die die dunkle Fläche seines Gesichts durchbrachen, beim erstenmal gesehen hatte, plötzlich bewußt geworden, was andere meinten, wenn sie immer von seinen eigenen grünen Augen und ihrer Wirkung auf Menschen redeten. Bernhardt hatte etwas Unheimliches, genau wie es bei Kane der Fall sein mußte.

Bei ihnen war ein Freund Bernhardts – Jan, ein Kämpfer, den die Straße hart gemacht hatte. Wie Bernhardt waren Jan und Alex passend zu ihrem besonderen nächtlichen Tun gekleidet.

Ein Netz unsichtbarer, aber alles sehender, schwuler Männer war in der Hauptstadt von Lichtburg aktiviert worden. Darunter Stricher, die im Rotlichtviertel Streife gingen, Friseure, die die Autobahnen in und aus der Stadt kontrollierten. Nichts hatte sich ohne ihr Wissen bewegt.

Als einer der jungen männlichen Prostituierten mit seinem wöchentlichen Stammkunden, einem Abteilungsleiter der Polizei, zusammen war, hatte er ihre regelmäßige Nummer unterbrochen, um unauffällig Informationen zu sammeln. Normalerweise hätte der Polizeioffizier dieses Material niemals herausgerück. Jeder Mann kann jedoch an den Rand der Verzweiflung getrieben werden, wenn sein heimlicher Liebhaber seinen Schwanz festhält, sich jedoch weigert, ihn sich iregndwo hineinzustecken, bevor die Wahrheit heraus ist.

Andere waren so schrecklich eitel, daß es ihnen unmöglich war, vor ihrem Friseur Informationen zurückzuhalten. Natürlich waren sie ohnehin zum Tratschen geneigt, wenn sie im Salon auf dem Stuhl saßen. Einer männlichen Maniküre fiel es nicht schwer, einem Bürohengst, der sich um seine Fingernägel sorgte, den dicksten Klatsch zu entlocken.

Die jungen Männer wie Jan waren allerdings der wahre Schlüssel zu Informationen. Jan sah so aus wie der Straßenlümmel, der er war. Er überwand alle möglichen Grenzen innerhalb der Stadt. Manchmal traf er sich mit jungen Intellektuellen und Künstlern, Männern wie Bernhardt. Er verkaufte seinen Körper zum Lebensunterhalt und war daher oft mit den Straßenstrichern zusammen, die von Sonnenuntergang an unauffällig einen der historischen Plätze in der Stadt in Besitz nahmen. Und außerdem war er der Kumpel von einigen kleinen Gaunern, die am Rande der Gesellschaft von Lichtburg existierten.

Jan war nicht die Art von jungem Mann, die man für schwul gehalten hätte; wenn man allerdings selbst schwul war, hätte man gehofft, er wäre es. Er besaß die geschmeidige Eleganz eines waschechten Strolchs; die Wendigkeit seiner Blicke und seines Körpers waren eine Kombination, die ebenso viel Beachtung erregte wie seine Lederjacke und seine Lederhose. Auf den Armen war er tätowiert, und wenn man das Glück hatte, sie sehen zu dürfen, so befand sich auch das Tattoo eines Drachen auf seinen Arschbacken.

Jan lebte sein Leben, weil er es für seine Art von Kunst hielt, das Ausdrucksmittel, das ihm zur Verfügung stand, um mitzuteilen, worum es seiner Meinung nach im Leben ging. Er wäre gewiß intelligent genug gewesen, um auf die Universität zu gehen. Er hatte es nicht nötig, die kleinen Gaunereien mitzumachen, die Teil der Unterwelt waren, in der er lebte, und er war darauf bedacht, alles zu vermeiden, was die

Aufmerksamkeit der Polizei auf ihn lenken konnte, aber er liebte eben diese Atmosphäre der Unterwelt.

Diese Haltung war es, die ihn für bestimmte Männer so attraktiv machte. Jan hatte entdeckt, daß es Männer gab, die all die bürgerlichen Werte vertraten, die er so haßte, die sich jedoch nicht ausleben konnten. Wie Nachttiere mußten sie die Finsternis aufsuchen, um ihre Begierden zu befriedigen.

Als der Innenminister sich in dieser Lage wiederfand, mußte er sicher sein, daß auf Seiten seines Partners mit einer gewissen Diskretion zu rechnen war. Es lag nicht einfach daran, daß er homosexuell war; damit wäre er zu Rande gekommen. Es war die Form, die seine homosexuellen Gelüste annahmen, die ihn in Schwierigkeiten hätte bringen können. Der Minister hatte das Bedürfnis, die Macht und das Ansehen in seinem Alltag durch regelmäßige Schübe von Masochismus auszugleichen. Es war eine Droge, ohne die er nicht funktionierte.

Jan hielt es für einen Teil seiner eigenen Kunst, dem Minister genau die Art von Begegnungen zu verschaffen, nach der es diesen verlangte. Sie waren einst anläßlich einer Kunstveranstaltung zusammengetroffen und hatten mit einem Blick quer durch den Raum im anderen sofort etwas erkannt. Die glatte Fassade des Ministers bedeutete Jan überhaupt nichts; er hatte dahintergeschaut und einen Mann erblickt, den er zu seinem Spielzeug machen konnte. Der Minister ließ sich von Jans Jugend und rauher Schale ebenfalls nicht täuschen. Etwas an der Geschmeidigkeit, mit der Jan sich bewegte, verriet dem Minister, daß er ein gefährliches, aber potentes, Tier vor sich hatte, das mit seinem Leben einige sehr interessante Dinge anstellen konnte. Diese Kombination von Manneskraft und Gefahr – nicht allzu viel

Gefahr, aber so viel Manneskraft wie möglich – war für den Minister der Inbegriff seiner Wünsche.

Erst tauschten sie Blicke, dann ihre Karten aus. Als der Minister angerufen hatte, war Jan nicht überrascht, noch hatte er den Älteren auch nur fragen müssen, worauf er aus war. Jan wußte Bescheid.

Vor zwei Jahren hatte der Minister Jans Studio zum erstenmal aufgesucht. Jan hatte ihn in nichts weiterem als Lederhose und Stiefeln empfangen. Das war alles, was er benötigte; mehr hätte ihn bei der Arbeit, die er tun mußte, nur behindert.

Es war die gleiche Arbeit gewesen, die er zwei Jahre später leistete, gerade letzte Nacht, als der Minister zu einem seiner regelmäßigen Besuche bei Jan gekommen war. Der Minister war in fürchterlicher Verfassung. Die Polizei, die Grenztruppen, das gesamte Personal, das ihm unterstellt war, war gegen die Terroristen mobilisiert worden. Nur der Minister hätte wirklich verstanden, daß der rechte Flügel von Lichtung selbst in die Sache verwickelt sein könnte.

Der Minister war so in seine Sexspiele mit Jan versunken, daß er die Grenze zwischen Phantasie und Realität aus den Augen verlor. Dies war ein Aspekt ihrer Beziehung, der Jan perfekt in die Hände spielte.

Der Minister brauchte die paradoxe Freiheit der Fesseln. Er mußte die Kontrolle seiner Macht aufgeben und wissen, daß diese in den Händen eines anderen lag. Letzte Nacht hatte er sich willenlos unterworfen, als Jan ihn an einen Holzstuhl gebunden hatte. Der Minister war nackt, seine Beine an die Stuhlbeine geschnürt und die Hände auf den Rücken gefesselt.

»Sag mir, was du über die Terroristen weißt«, hatte Jan ihn verhört, während er vor dem Minister stand und eine besonders bösartig aussehende Reitpeitsche in Händen hielt. Als der Regierungsbeamte gezögert hatte, hatte Jan die Waffe durchgezogen und einen brennenden Streifen auf der Brust hinterlassen.

»Sag mir alles, was du weißt«, sagte Jan von Neuem. Es bedurfte einiger wiederholter Schläge und ein paar Hiebe ins Gesicht, um den Minister dazu zu bewegen, nachzugeben, aber dies tat er nur, weil er es für ein Spiel hielt. Natürlich wußte Jan, wen er vor sich hatte. Natürlich wußte Jan, daß die Flugzeugentführung ein drängendes Problem des Landes war. Was den Minister anging, benutzte Jan sein sexuelles Genie nur, um ihn die Qualen und den seelischen Terror durchstehen zu lassen, um ihn zu zwingen, Regierungsgeheimnisse preiszugeben.

Es war ja nicht so wichtig, dachte sich der Minister, das hier war ja nur ein einfacher Gassenstrolch; ein heimlicher junger Künstler, den der Minister benutzte, um seinen geheimen Gelüsten und Leidenschaften nachzugeben. Es war nur bemerkenswert, daß der junge Mann die Szene so raffiniert gestaltete, daß er genau wußte, sie so echt wie möglich wirken zu lassen. Er verhörte den Minister, und der Ältere hielt so viel Informationen so lange zurück, wie er konnte. Das Psychodrama war jedoch so intensiv, daß der Beamte nicht lange durchhielt.

Als er mit seiner Beichte fertig war, belohnte Jan ihn, indem er ihm gestattete, vor ihm niederzuknien und Jans Stiefel zu lecken, während er sich einen runterholte. »Wag es ja nicht, hier die Sauerei liegenzulassen!« hatte Jan in angeherrscht, als der Minister seine Ladung auf den Fußboden abgespritzt hatte. Der Gauner schaute grinsend zu, wie der hohe Regierungsbeamte in die Küche kroch, um Papiertücher zu holen, mit denen er seinen Schmutz aufwischen konnte.

Der Minister ließ den erforderlichen Stapel Scheine auf Jans Schreibtisch zurück. Sobald er gegangen war, griff Jan zum Telefon und machte einen Anruf. Er wußte etwas, das die anderen wissen wollten. Er grinste dreckig, als er daran dachte, wie er an die Information gekommen war. Wie viele dieser politisch korrekten schwulen Freiheitskämpfer hätten wohl gerne gewußt, daß er der Callboy eines Regierungsmitglieds war? Was ging es sie schon an? Er hatte seine Arbeit für sie wie auch für den Minister erledigt. Schließlich hatte man die Terroristen gefunden. Ihr Aufenthalt überraschte die Einsatzleitung nur wenig. Es war das Anwesen von Fürst Ehrlich, eines blamablen Vetters des regierenden Staatsoberhaupts von Lichtburg.

Der Fürst war in der Kirchenpolitik aktiv gewesen. Er war ein wütender Gegner jeglicher Modernisierung der religiösen Institutionen; er schwadronierte gegen die Änderung des Nonnenhabits und geiferte gegen jegliche Abweichung von der Lateinischen Messe. Sein Fanatismus war lästig gewesen, hatte ihn jedoch auch als harmlosen Spinner abgestempelt. Offensichtlich war das ein Irrtum gewesen. Nun wußten sie, daß er der Mittelpunkt der Verschwörer war, die die Terroristen der Weißen Armee verbargen.

Bald jagten Alex, Bernhardt und Jan in ihrer dunklen Verkleidung über die Dächer von Lichtburg. In der Hand trug jeder ein automatisches Gewehr der Marke Karlsrupa. Sie hatten keine Zeit, sich über die ethischen Aspekte einer bewaffneten Auseinandersetzung Gedanken zu machen – nicht wenn der Feind so gefährlich war wie dieser.

Urplötzlich machten sie halt. Die meisten Häuser des Gebäudeblocks hatten bisher Mauer an Mauer gestanden. An dieser Stelle jedoch befand sich eine schmale Spalte zwischen den Gebäuden. Bernhardt deutete durch die schmale

Öffnung hinab auf ein Fenster im obersten Stockwerk des fürstlichen Palastes.

Sie konnten vier Männer beim Kartenspielen sehen. Sie waren unrasiert und nachlässig gekleidet. Zwischen ihnen stand eine Flasche billigen Fusels. Alex beobachtete, wie einer nach dem Gesöff griff und direkt aus der Flasche trank. Gut, dachte er. Es konnte nie schaden, einen Gegner zu haben, der trank und dadurch seine etwaige Wachsamkeit einbüßte. Jetzt hätte Alex sich Danny an seiner Seite gewünscht. Nicht nur, weil er seinen Partner schrecklich vermißte – nachts stöhnte er tatsächlich auf, wenn er den Arm über das Bett ausstreckte und feststellte, daß der jüngere Mann nicht da war –, sondern wegen Dannys turnerischen Talenten. Einer von ihnen würde da hinunter durch das Fenster steigen und die Wächter überrumpeln müssen.

Als sie herausgefunden hatten, daß die Alarmanlagen des fürstlichen Anwesens eingeschaltet waren, war Alex auch klar, daß die Insassen nur auf einen Angriff von unten, durch die Türen und die anderen Eingänge im Erdgeschoß des Gebäudes gefaßt waren. Nur wenige würden sich Gedanken über eine Attacke von oben machen.

Jan machte sich auf. Alex schaute zu ihm hinüber, als der junge Mann über die schmale Spalte hinweg auf das Dach des Anwesens sprang. Um die Brust hatte er ein Seil gewickelt, das er jetzt rasch entrollte. Ein Ende band er am Schornstein fest und prüfte es. Er winkte den beiden anderen, zu ihm herüber zu kommen und sich ihm anzuschließen. Bevor sie ihn erreichten, seilte sich Jan schon an der Hausfassade ab.

Alex wußte instinktiv, was Jan vorhatte. Unmerklich manövrierte er sich parallel zum Vorderfenster. Alex machte sich bereit, ihm zu folgen, sobald er ein Signal hörte. Plötzlich war da das Geräusch von zersplitterndem Glas. Es ertönten ein paar gedämpfte Flüche, ein Stuhl kippte um, und ein Glas fiel zu Boden. Blitzschnell packte Alex das Seil und schwang sich über die Kante des Gebäudes. Er bewegte sich weitaus schneller als Jan. Schnelligkeit war jetzt wichtiger als alles andere.

Kane flog durch das offene Fenster. Die vier Männer standen alle da und hatten bereits die Hände hinter den Kopf gelegt. Sie starrten in die Mündung von Jans Karlsrupa. Das war etwas, womit sie keinen Streit anfangen wollten.

Bernhardt kam als nächster. Er war der am wenigsten Trainierte der schwulen Rächer, hatte aber darauf bestanden, seinen Teil zu dem riskanten Angriff beizutragen. Sobald Jan sicher war, daß seine beiden Gefährten im Zimmer waren, wies er die vier Gefangenen an, ihre Hände zu lassen, wo sie waren, und sich wieder hinzusetzen.

»Schnell«, befahl er. »Fesselt sie.«

»Womit?« fragte Bernhardt.

»Nimm ihre Gürtel.«

Kaum hatte Bernhardt den Gürtel des ersten Mannes herausgezogen, fiel dessen sackförmige Hose zu Boden. Sie zwangen die Männer sich ganz auszuziehen und im Nu waren die vier an ihre Stühle gefesselt. Die Unterhemden waren als Knebel benutzt worden. »Ein Laut von einem von euch, und wir sind hier raus«, warnte Alex sie. »Es würde euch nicht gefallen, nackt mitten in der Schießerei zu sitzen, glaubt mir.«

Die drei Männer machten sich auf den Weg abwärts über die Treppen des prächtigen Anwesens. Auf jedem Stockwerk befanden sich noch mehr Wachen. Wie die anderen jedoch rechneten sie nicht mit Schwierigkeiten, schon gar nicht von oben. Sie waren rasch überwältigt und gefesselt.

Schließlich erreichte das Trio das Erdgeschoß. Noch immer hatten sie die Geiseln nicht entdeckt, und es gab keinen Hinweis darauf, daß die Männer, die sie bereits überwältigt hatten, die Anführer des Anschlags waren.

Sie befanden sich in einem repräsentativen Vestibül in der Mitte des Hauses. Um ein Haar wären sie in den Raum gestolpert, in dem die wirklichen Aktivitäten stattfanden. Nur eine schnelles Zeichen von Alex verhinderte, daß Bernhardt und Jan zu rasch vorpreschten.

Es war ein Bankett im Gange. Am Kopfende des Tischs saß ein Mann in altmodischer Offiziersuniform. Er hob etwa einem Dutzend Männern, die an den Längsseiten des Tischs saßen, ein Glas Champagner entgegen.

»Auf die Rückkehr zur Zivilisation!«

Beim Ausbringen des Toastes war der Rest der Gesellschaft aufgestanden und hatte die eigenen Gläser dem Mann entgegengestreckt, der offenbar ihr Gastgeber war, Fürst Ehrlich. Alex hatte kaum den Eindruck, daß es sich hier um eine Zusammenkunft von Adligen handelte. Die anderen in dem Raum saßen in ausgebeulten Klamotten da, die ihre Wänste verrieten, die überwiegend von zu wenig Arbeit und zu viel Bier herrührten.

Aber dem Trinken waren sie eindeutig nicht abgeneigt. »Auf die Rückkehr zur Zivilisation!« jubelten sie.

Alex stellte sich ihren Begriff von *Zivilisation* vor und zog eine Grimasse. Er wußte genug über die Traumwelt der Weißen Armee von überholtem Nationalismus und Rassismus und über die Vision des Fürsten von einer militanten und unnachsichtigen Römisch-Katholischen Kirche, um sich im Klaren darüber zu sein, daß Alex Kane und Seinesgleichen in keiner Welt, die diese Männer aufzubauen gedachten, willkommen gewesen wären.

»Der Sieg der Weißen Armee über die dekadente Regierung von Lichtburg ist ein Zeichen dafür, daß Großes bevorsteht«, fuhr der Fürst fort, nachdem die anderen wieder Platz genommen hatten. »Dies ist die erste unserer Unternehmungen, um den gottesfürchtigen Menschen der westlichen Welt zu zeigen, was von den ihre Familien liebenden Patrioten unserer großen Nationen erreicht werden kann.

Unsere nächsten Schritte werden noch drastischer sein.«

Was habt ihr vor? Komm, du Arschloch, sag mir, was ihr als nächstes plant!

»Wenn unsere Verbündeten in den Vereinigten Staaten selbst ihre Maßnahmen einleiten, wird dies das dramatischste Ereignis in unserem gemeinsamen Vorhaben darstellen. Durch den Angriff auf jene Elemente in Amerika, die die stärkste Macht gegen Kommunismus und Atheismus schwächen, werden wir der Welt den größten Dienst erweisen.

Der amerikanische Präsident wurde von den törichten Fesseln der *Demokratie* daran gehindert, seinen eigenen Instinkten gemäß zu handeln.« Der Fürst spuckte das Wort Demokratie aus, als sei es die größte Obszönität. »Wir werden ihm helfen, so zu handeln, wie er es möchte.«

»Wieso wußten wir nichts über diese ... Leute im Flugzeug?« Die Stimme, die die Frage gestellt hatte, klang fast wehleidig. Alex wußte genau, worüber sie jetzt sprachen. Sobald die Passagiere freigelassen worden waren, hatten die Medien genau herausgefunden, worum es sich bei dem Red River Social Club handelte und es bis zum Letzten ausgeschlachtet. Die Bilder von männlichen Paaren, die sich im Augenblick der Befreiung aus ihrem Leid umarmten, waren um die Welt gegangen und hatten dem Ereignis noch mehr Öffentlichkeit verschafft.

»Leider hatten sich unsere amerikanischen Kameraden

diesbezüglich nicht klar ausgedrückt«, gestand der Fürst bedauernd ein. »Sie hatten den amerikanischen Jargonausdruck benutzt, den wir schlicht nicht verstanden. Dadurch entging uns eine famose Gelegenheit, diese Leute auf ihren Platz zu verweisen. Dies sollten wir jedoch gegenüber dem Sieg, den wir errungen haben, als gering einschätzen. Die Öffentlichkeit, die wir uns zu verschaffen wußten, hat gezeigt, daß die Demokratien nicht in der Lage sind, gottesfürchtige Menschen zu beschützen.

Zudem haben wir all dieses Geld eingenommen! Uns stehen nunmehr fünf Millionen Dollar für unsere nächsten Vorhaben zur Verfügung. Wir werden besser gerüstet und ausgestattet sein, um unseren Rachezug gegen diejenigen Kräfte fortzusetzen, die versuchen, den Westen zu schwächen und so weibisch zu machen, daß unsere Feinde ihn mühelos überrennen können.«

»Wir verjagen die Schwuchteln aus Washington«, schnaubte ein Mann.

»Und die Weiber aus der Politik«, schloß sich ein anderer an.

»Und die Kommunisten aus Bosnien«, sagte ein dritter.

Eine Woge von Toasts ging um den Tisch, als jeder der Männer ein neues Haßobjekt fand, das er aus der *zivilisierten* Welt zu eliminieren bestrebt war.

Alex hatte genug gehört. Er stieß Jan und Bernhardt an und gab ihnen ein stummes Zeichen. *Wie ein Mann* stürmten sie den Speisesaal, während ihre Maschinenpistolen harmlose, wenngleich erstaunlich laute, Salven automatischer Schüsse in die Decke feuerten.

Der prächtige Kronleuchter des Fürsten krachte in einer Wolke von Stuck herunter, die den Angriff erscheinen ließ, als werde er von drei Bataillonen anstatt von drei Männern geführt. Die Verschwörer, die noch vor wenigen Augenblicken Prahlereien und Drohungen ausgestoßen hatten, waren fassungslos.

Die meisten erstarrten und hoben ohne zu zögern die Hände hinter den Kopf. Einer und danach ein anderer wurden ihres Entsetzens nicht Herr und machten sich die Hosen naß, wobei lange Streifen von Urin an ihren Beinen hinunterliefen und dunkle Flecke hinterließen.

Ein paar Männer versuchten, zu einer anderen Tür zu stürzen, aber Bernhardt stellte sich ihnen in den Weg. Andere hatten kleine Handfeuerwaffen gezogen, waren jedoch klug genug, zu erkennen, daß sie den größeren Waffen schwedischer Produktion nichts entgegenzusetzen hatten. Sie ließen ihre Pistolen zu Boden fallen und hoben murrend besiegt die Hände.

»Wo sind die Geiseln, die Ihnen die Regierung von Lichtburg gestellt hat?« wollte Alex wissen.

»Im Keller«, gestand der Fürst mit der wenigen Würde, die ihm verblieben war. »Sie sind unbewacht.«

»Gut. Warum stellen Sie sich jetzt nicht alle hier auf und spreizen die Beine. Legen sie die Hände an die Wand, und denken Sie nicht einmal daran, sich zu rühren.«

»Soll ich die Polizei rufen?« fragte Bernhardt, als alle Männer sich aufgereiht hatten.

»Nein, jetzt noch nicht«, sagte Alex. »Ich habe eine bessere Idee.«

Innerhalb einer Stunde war das Haus des Fürsten von Reportern umstellt. Die Scheinwerfer des internationalen Kontingents von Fernsehkameras erstrahlten taghell. Die Journalisten wurden verrückt vor Begeisterung, als die gefangenen

Terroristen und der Fürst einer nach dem anderen aus dem Haus gebracht wurden.

»Ob wir das zeigen können? Ist ja ekelhaft!« fragte ein Kameramann einen Reporter. »Die haben ja überall Pißflecken auf der Unterhose. Das Gelb wird im Fernsehen richtig rausstechen.«

»Wir sagen, es sei saurer Regen«, antwortete Rip Stallion. »Mein Problem ist, ob wir die anderen zeigen können.«

Die anderen waren eine Abordnung der Schwulenbewegung von Lichtburg. Einige von ihnen, wie Jan, waren in schwarze Lederjacken und enge, ausgebleichte Jeans gehüllt. Ein paar wenige trugen Studentenkleidung, wie die Bernhardts, das eigentlich Problem für die Journalisten waren jedoch diejenigen, die von den Anführern der Gruppe ausgewählt worden waren, um dem Polizeichef die Gefangenen zuzuführen. Obgleich nur ein paar von ihnen tatsächlich im Fummel steckten, gab es keinen Zweifel, daß es sich beim Rest um stark effeminierte Homosexuelle handelte.

»Wie Freiheitskämpfer sehen die aber eindeutig nicht aus, so viel ist mal klar«, beklagte sich der Journalist.

»Oh, Gott sei Dank!« schrie der Kameramann. »Da ist einer mit sauberer Unterwäsche.«

Der Fürst wirkte schwerlich wie ein Edelmann, als er in Boxershorts von zwei dürren Fummeltrinen zu beiden Seiten die Treppe hinuntergeführt wurde. Er hatte den Kopf erhoben, aber selbst er konnte daraus keinen würdevollen Auftritt machen.

»Wer soll uns glauben, daß die Kasper da es waren, die tagelang die Welt in Atem gehalten haben?« fragte der Kameramann. »Flugzeugentführungen werden durch das hier echt 'n schlechten Ruf kriegen.«

Alex Kane grinste nur dreckig, als er das hörte. Er hätte

Minister Bartlett gerne von einigen Dingen berichtet, die er in dem fürstlichen Anwesen erlauscht hatte. Aber er mußte ein Flugzeug erwischen, sobald er Farmdales fünf Millionen wieder zurückbekommen hatte. Er hatte während der Aktion einige ominöse Informationen erlangt. Er mußte in die USA zurück und Farmdales Computern Arbeit verschaffen.

Und er wollte nach Hause zu Danny.

Alex machte sich auf den Weg zum Flughafen. Dieser war diesmal voll mit Ferienreisenden, die offenbar beschlossen hatten, sich von den vergangenen Ereignissen nicht abschrecken zu lassen. Es gab keine Spur der terroristischen Aktivitäten, die den Ort vor so kurzem noch gelähmt hatten.

Normalerweise flog Alex immer mit seiner Privatmaschine. Jetzt sah er allerdings keinen Anlaß für zusätzliche Sicherheitsvorkehrungen. Er ging einfach zum Schalter und kaufte sich ein Ticket für den nächsten Flug nach Boston. Dann ging er zum Telefon und rief jemanden an, der ihn am Logan Airport abholen und nach New Hampshire bringen sollte.

Alex saß im breiten Sitz in der vorderen Kabine des Jets, als dieser dröhnend in den Himmel stieg und in Richtung Ozean flog. Er ließ sich in die Polster sinken und fiel augenblicklich in einen Traumzustand – kein eigentlicher Schlaf, aber ein Ort, an dem er sich seinen Phantasien und Gefühlen hingeben konnte.

Während seiner Reise nach Lichtburg war er von Sexualität umstellt gewesen. Selbst als er in einen Kampf auf Leben und Tod mit den rechtsradikalen Heuchlern verwickelt gewesen war, war er sich ständig der erotischen Energie bewußt, die die Gruppe seiner Verbündeten durchströmte. Männer wie Bernhardt und Jan hatten alles Recht, zu erwarten, daß sie ihrem erotischen Selbst Ausdruck verleihen durften; daran glaubte Alex fest.

Alex hatte sich keineswegs davon gestört gefühlt. Die Männer hatten nicht nur zugelassen, daß ihre sexuellen Interessen sich mit dem mischten, was sie taten, einige von ihnen, wie Jan, hatten ihre Sexualität sogar benutzt, um die Sache voranzutreiben. Nur Alex Kane hatte Jan gestanden, was in seinem Studio vorgefallen war, das ihm ermöglicht hatte, die lebenswichtigen Informationen zu bekommen, die sie brauchten, um den Fürsten zu knacken.

Der einzige Punkt war der, daß sie Alex, wie es schien, mit seinen eigenen Wünschen infiziert hatten. Alex verlangte es stets, nach Hause zu Danny Fortelli zurückzukommen. Es verlangte ihn stets nach Sex mit ihm. Es gab nicht die geringste Schwankung in Alex' Gefühlen für seinen Geliebten. Jetzt auf dieser Reise, auf diesem Heimflug wurde Alex von seiner Lust auf den jungen Turner förmlich aufgefressen.

Alex rutschte in seinem Sitz herum, um eine Stellung zu finden, die die anschwellende Fleischröhre zwischen seinen Beinen nicht einengen würde. Er wünschte sich, diese Erektion in Dannys rote Lippen eindringen zu spüren. Er sehnte sich danach die Wärme zu spüren, die vom Mund seines Freundes ausging.

Er rutschte erneut herum, wobei er diesmal daran dachte, wie gut es sich anfühlen würde, Dannys Schwanz zwischen den Beinen zu haben. Er erinnerte sich an die vielen Male, da Danny seinen Schwengel zwischen die muskulösen Kugeln von Alex' Arsch geschoben hatte. Alex glaubte, nie wieder von irgend jemand anderem befriedigt werden zu können, nicht nachdem er das Wunder erlebt hatte, von Danny Fortelli flachgelegt zu werden.

Feuchtigkeit war Bestandteil aller Phantasien, die Alex

gerade hatte. Überall war Wasser, waren Säfte, auf ihm, in ihm ...

»Wünschen Sie einen Cocktail, Sir?« unterbrach die Stewardess Alex' Meditation.

»Nein, nein, danke«, nuschelte er. Als sie weitergegangen war, mußte Alex wieder herumrutschen. Er lachte über sich selbst; er, ein erwachsener Mann, ein Kämpfer, ein Krieger hatte einen Tagtraum, während er in einem Flugzeug saß, das über den Nordatlantik flog! Seine Unterhose war feucht von Sperma, das Sperma, das, wie so oft, seine Phantasien über Danny Fortelli produziert hatten.

Bernhardt hatte nicht die Absicht, Zeit mit irgend welchen feuchten Träumen zu verschwenden. Chris' Flug war gestrichen worden. Die Airline hatte ihm und seinen Freunden den Rückflug nach Amerika garantiert, wann immer sie wollten. Sie hatten ihren Urlaub unbegrenzt ausdehnen dürfen, als Ausgleich für den Streß, dem sie während der Geiselnahme ausgesetzt gewesen waren.

Chris hatte nichts Dringendes in Fargo zu erledigen. Ihn drängte eigentlich überhaupt nichts, außer der Wunsch, noch etwas Zeit mit Bernhardt zu verbringen.

»Mein Held«, sagte der Amerikaner nur halb im Scherz, als die beiden Männer über die Laken ausgestreckt in dem inzwischen vertrauten Hotelzimmer lagen.

»Was krieg ich als Belohnung?« stichelte Bernhardt zurück.

»Was hättest du denn gerne?« spielte Chris das Spiel weiter.

Bernhardt streckte die Hand aus und griff nach Chris' halbsteifem Schwanz. »Der da schien mir die Nacht letztens ganz gut zu sein.«

»Ach, ich soll dich noch mal in den Hintern ficken?« fragte Chris.

Gegen seinen Willen wurde Bernhardt rot. Was diese Dinge betraf, war er doch schüchterner, als Chris dachte. Eigentlich war es ein aufregender Bestandteil ihres Sex, daß Chris so hemmungslos das aussprach, was sie gegenseitig mit ihren Körpern anstellten. Bernhardt liebte die Freiheit, die darin lag.

»Ja«, sagte der Student. »Ich will, daß du mich noch mal fickst, so richtig fest, wie letztesmal.«

Chris ließ sich kein zweites Mal bitten. Er hatte genug Kondome dabei, um bis zu dem Tag, bis zu dem er in seiner Phantasie hoffte, mit Bernhardt zusammensein zu können, auszukommen. Im Nu hatte Chris seinen Schwanz wieder in Gummi verpackt.

Er rollte sich auf Bernhardt und griff nach unten, um diesen wundervollen Arsch wieder anzufassen. Während er seinen Schutz übergestreift hatte, hatte er ihn betrachtet und sich die blasse Haut über den weichen Hügeln seines Hinterns angeschaut. Das war ein Arsch, den es zu behalten lohnte, sagte sich Chris. Mit dem Finger drang er in die Spalte zwischen den Backen ein. Dort war ein heißes, kleines Loch, der Schlüssel zu so viel Lust.

Selbst während er an Bernhardts Arsch fingerte und den jungen Mann unter ihm sich winden fühlte, fragte Chris sich, wie lange das so gehen konnte. Es gab nichts Dringendes, was ihn nach North Dakota zurückrief, aber in Chris regte sich der Verdacht, daß es hier in Europa etwas so Dringendes gab, daß es so schnell nicht enden würde.

Er zog den Finger zurück und hörte Bernhardt seufzen, als sein Arsch plötzlich leer war. »Keine Angst«, versicherte Chris ihm, »das Problem wird sofort gelöst.«

Chris richtete seinen Schwanz auf Bernhardts Hintern, dann stieß er zu. Der Junge hatte darum gebeten, kräftig gefickt zu werden, und Chris hatte nicht vor, ihn zu enttäuschen. Chris rammte in Bernhardts Arsch hinein und hinaus. Er hielt sich so lange zurück, wie er konnte und genoß das Stöhnen und Seufzen, das der blonde Mann immer häufiger und lauter von sich gab, als er länger gevögelt wurde, als er es je für möglich gehalten hätte.

Chris traf eine Vereinbarung mit sich selbst. Er würde so lange weitermachen, wie er mußte, um Bernhardt zum Orgasmus zu bringen. Er wollte nicht, daß der Junge sich wichste, deshalb griff er nach unten und hielt Bernhardts Handgelenke fest, um sicherzugehen, daß er sich nicht anfassen konnte. Chris wollte, daß Bernhardt allein vom Gefühl, durchgefickt zu werden, abspritzte.

Es brauchte viel Zeit, viele Minuten und Chris' gesamte Selbstbeherrschung, aber endlich spürte er, daß Bernhardts Leib sich um seinen Schwanz zusammenkrampfte, während sich im gleichen Moment ein Springbrunnen von Sperma zwischen ihren Bäuchen entlud, der einen Geysir heißer Säfte ausstieß, die ihre Leiber zusammenschweißten.

Später, nachdem sie wieder zu Sinnen gekommen waren und sich in den Armen lagen, dachte Chris erneut an die Möglichkeiten, die die Zukunft bot. Ebenso wie an das, was ihm durch die fleischlichen Gelüste Bernhardts aufgezwungen wurde, dachte er an ein Forschungssemester für sich selbst oder an ein Stipendium für Bernhardt, mit dem dieser in die USA kommen konnte. Er wollte dieses Zukunftsproblem lösen, damit er sich wieder den drängenderen Themen der Augenblicks zuwenden konnte, Themen, die noch aktueller wurden, als er spürte, daß Bernhardts Mund anfing, eine von Chris' Brustwarzen einzusaugen.

Bernhardt war nicht der einzige Lichtburger, der den Umstand genoß, die Geiseln befreit zu haben. Über einige seiner Gefährten hätte er sich gewundert. Ganz gewiß hätte er sich im Augenblick über Jan gewundert.

Der junge Kunststrolch saß in einem Café in der Stadtmitte. Bei ihm saß Jack Grahn, der in Fargo eine Spedition besaß. Jan hatte ihn am ersten Abend, den die Amerikaner in der Stadt verbrachten, in der Stud-Bar kennengelernt. Der Amerikaner hatte einen sehr männlichen Reiz ausgestrahlt. Jack war ein kräftiger Mann, gewiß. Er war allerdings anders als viele andere Amerikaner, die Sorte, deren Körper in Sportstudios produziert wurde, die mehr nach Fabrikhallen als nach sonst etwas aussahen. Jack hatte sich seine Muskeln mit endloser harter Arbeit als sein eigener Boss verdient.

Jan hatte die Geschichte gehört und ihn bewundert. Er war nicht so durch und durch Revolutionär, daß er überzeugt war, nur eine linke Regierung könne funktionieren. Wenn überhaupt war er eher ein Anarchist und als solcher war er überaus an der Freiheit des Individuums interessiert, gleichgültig, wie das Individuum sie erreichte.

Es war natürlich interessant, daß Jan während dieses Gesprächs an überhaupt so etwas dachte wie Freiheit. Was er mit Jack in der ersten Nacht erlebt hatte, war etwas, das er nie vergessen würde, aber jetzt bot Jack ihm etwas an, das noch intensiver war.

»Ich spiel nicht gerne Spielchen mit Kerlen, weißt du«, sagte Jack, während er an seiner Zigarette zog. »Ich steh auf harte Sachen – du weißt ja. Ich find dich scharf. Ich würd dich gerne besser kennenlernen, noch ‘n bißchen mit dir rumspielen.«

»Rumspielen?« fragte Jan.

»Verarsch mich nicht«, sagte Jack. Jan spürte den Anflug von Abscheu in seiner Stimme. »Du weißt, was ich will. Ich sag nur, daß ich noch mehr davon will. Wir haben jetzt Zeit, warum gehen wir also nicht wieder zu dir?«

Jan erinnerte sich genau an alles, was passiert war, als sie zum erstenmal miteinander nach Hause gegangen waren. Er dachte, daß er das eigentlich nicht noch einmal sollte, aber sein Schwanz sagte ihm etwas anderes. Er war hart, preßte sich gegen seine Lederhose und war glitschig von Lusttropfen. Jack war ein echter Meister gewesen. Jan hatte noch nie jemanden wie ihn getroffen. Sie waren an Extreme gegangen, wie Jan sie noch nie erlebt hatte, aber auf einem Gebiet, das weiter erkunden zu wollen er nicht ableugnen konnte.

»Okay«, sagte Jan. Die beiden Männer standen auf.

Als sie an die Tür kamen, packte Jack Jan am Bizeps. »Wenn ich was hasse, dann ist's ein Maso, der nichts aushält, einer, der mich total scharf und fickerig macht und dann den Schwanz einzieht. Wenn du nicht echt drauf stehst, dann sag mir's jetzt. Nicht daß du mich jetzt noch mal mitnimmst und dann drauf kommst, daß es dir zuviel ist.«

Jan fühlte sich von dem Vorwurf beleidigt. »Du kannst mit mir machen, was du willst«, beharrte er. »Ich werd nicht sagen, du sollst aufhören.«

Später fiel ihm ein, daß der Ausdruck, der auf Jacks Gesicht trat, ihn vor etwas Brutalem hätte warnen sollen.

Bei Jacks Art, Sex zu machen, hatten Verführungskünste keinen Platz. Als sie ins Studio zurückkamen, mußte Jan sich einfach ausziehen. Als er nackt war, wurde der junge Strolch gezwungen, dazustehen, während an seinen Hand- und Fußgelenken Lederriemen befestigt wurden.

Jack fand eine Stelle, wo er die Handfesseln an der Wand befestigen konnte. Nach kurzer Zeit sah Jan sich wehrlos gefesselt. Er konnte kaum auf den Zehenspitzen stehen, um den Druck zu lindern, der ihm den Kreislauf abzuschneiden drohte.

Jack stand mit einem breiten Ledergürtel hinter ihm. Er lächelte beim Anblick von Jan, der gegen seine Fesseln kämpfte. Es war zwecklos. Jack wußte, was er machte, wenn es so weit kam wie jetzt.

Er holte mit dem Gürtel aus und fing an, Jans glatten Arsch zu bearbeiten. Die Schreie des Künstlers kamen fast augenblicklich. »Willst du, daß ich aufhöre?« wollte Jack wissen.

Jan schniefte, aber er würde nicht aufgeben. »Nein. Nein. Mach, was du willst. Ich hab's dir versprochen.«

Jack lächelte erneut und hob wieder den Gürtel. Er hatte angefangen, ein Muster aus Streifen auf Jans rote Hinterbacken zu zeichnen, und jetzt wollte er seine Arbeit beenden. Als Jack endlich fertig war, als Jans Arsch und Rücken mit sich abzeichnenden Schwielen, die ihm noch Tage danach bleiben würden, verziert war, nahm Jack den jungen Mann von der Wand. Einen Augenblick lang glaubte Jan, seine Pein sei vorüber. Er lernte schnell, daß dem nicht so war.

Jan wurde auf den Fußboden auf den Rücken gezwungen. Die Fesseln wurden so wieder angebracht, daß jedes seiner Handgelenke an einen Knöchel gebunden war. Jack nahm einen Kissenbezug vom Bett und wickelte ihn um Jans Kopf. Er war jetzt blind. Er konnte nicht sehen, was der Amerikaner ihm zufügte.

Dann nahm er einen Brandgeruch wahr. Er geriet in Panik, während er sich überlegte, was Jack vorhaben könnte. Er fand es sehr bald heraus.

Der Amerikaner hatte eine Kerze angezündet, die er jetzt über Jans gefesselten Körper hielt. Langsam ließ er das schmelzende Wachs auf Jans Leib heruntertropfen. Das Wachs klatschte schmerzhaft auf Jans Brustwarzen. Bei jedem Tropfen stieß er einen Schmerzensschrei aus. Er glaubte, seine Brust habe Feuer gefangen, so intensiv brannte es.

Das war jedoch nur der Anfang. Jack bewegte sich so, daß der brennende Schmerz stärker wurde, als er es je aushalten zu können geglaubt hatte. Trotzdem, er würde nicht aufgeben. Er würde Jacks Prophezeihung, daß er das, wovor Jack ihn gewarnt hatte, nicht ertragen würde, nicht erfüllen.

Er wäre nicht noch so einer jener Masos, die vor dem Trucker aus North Dakota schlappgemacht hatten. Er würde ihm zeigen, was wahre Männlichkeit bedeutete.

Die Action hatte Jack so erregt, daß er sich nicht länger beherrschen konnte. Jack stieg zwischen die Beine Jans, der noch immer die Augen verbunden hatte, und hob den Arsch des jungen Gauners an, so daß er ihn mit seinem steifen Schwanz aufspießen konnte. Das Gefühl des beim Kaltwerden splitternden Wachses war zu viel für ihn, als daß er sich den Genuß, einen hübschen jungen Mann wie Jan zu ficken, aufsparen konnte. Er mußte das so schnell wie möglich hinter sich bringen. Er war an die Grenzen seiner Selbstbeherrschung gegangen, während er ihm die Prügel und das geschmolzene Wachs verabreicht hatte. Er kam schnell und wild in Jans Arsch.

Erst als er sicher war, daß er fertig war, löste Jack Jans Fesseln und ließ ihn aufstehen. Jan rieb sich die aufgescheuerten Stellen, wo das Leder so eng gesessen hatte. Er war bereits gekommen, als Jack ihn gefickt hatte. Genau genommen war er zum zweitenmal in dieser Nacht gekommen. Das erstemal war es passiert, als er unter den Schlägen des Gürtels geschluchzt hatte.

Jan schaute Jack mit unverhohlener Bewunderung an. »Du bist wie ich«, sagte er. »Du bist ein Künstler des Lebens.«

Jack lächelte, glücklich, daß seine Fähigkeiten Anerkennung fanden. Er hatte etwas Starkes zwischen sich und diesem jungen Mann geahnt; jetzt wußte er, daß es da war. Er fing an, Pläne zu machen, zunächst für den morgigen Abend; er mußte darüber nachdenken, wie er diese Vorstellung übertreffen konnte. Und, zweitens, wie er Jan in die USA bekam. Wenn sie gemeinsam noch weiter gehen wollten, dann mußten sie ohne Frage eine Menge Zeit zusammen verbringen. Das war etwas, worauf Jack sich sehr freute.

VI

Die Bilder im Fernsehen machten Jack Vanta rasend. Er schleuderte seine leere Bierdose gegen den unverschämten Bildschirm. »Gottverdammte Ausländer!« Jack stand auf und tigerte im Zimmer auf und ab. »Wie konnten die das nur so vermasseln? Nichts richtig hingekriegt, und dann lassen die sich auch noch schnappen!«

Stu Manger sah zu, wie sein Boss mit jedem Durchqueren des Zimmers wütender wurde. Stu stand auf und holte Vanta noch ein Bier aus dem Kühlschrank. »Hier Jack, trink noch einen Schluck, und dann besprechen wir die Sache.«

Vanta nahm die kalte Dose entgegen und nahm, noch immer stirnrunzelnd, Platz. Manger war so klug, den Fernseher abzustellen, um seinem Boss die Bilder von Fürst Ehrlich zu ersparen. Mit einem Mal war es still im Zimmer. Die Sendung hatte die Geräusche des Schießtrainings, das draußen vor dem Haus vor sich ging, übertönt. Die regelmäßigen Detonationen der .30-.30 Salven schienen Vanta ein wenig zu beruhigen und ihn zu überzeugen, daß noch nicht alles verloren war.

»Jack, du hast dir wirklich Mühe gegeben. Aber diese Idee einer Allianz funktioniert einfach nicht so wie geplant.«

»Das war Reagans Idee«, widersprach Vanta. Und er hatte sich vom amerikanischen Präsidenten inspirieren lassen. Vor etwa einem Jahr hatten Vanta und seine Freunde eine Versammlung aller möglichen rechtsradikalen Guerillakämpfer besucht, die von einer konservativen amerikanischen Vereinigung in Angola zusammengerufen worden waren, um Wege zu finden, vereint gegen solch gemeinsame Widersacher wie Kuba und Tansania vorzugehen, marxistische Regimes, die ihre eigenen linksradikalen Terroristen zu unterstützen pflegten.

In Washington hatte es zu gewissen Peinlichkeiten geführt, als Reporter im Zuge ihrer üblichen Schnüffeleien herausfanden, daß die meisten rechtsradikalen Anführer, die nach Angola kamen, von Südafrika gesteuert wurden. Dennoch war Vanta nur einer von vielen christlichen Konservativen, die die Botschaft vernommen hatten, sich mit anderen Ländern zusammenzuschließen, um die Arbeit zu tun, die der wachsweiche Kongreß die Regierung nicht tun ließ: die Kommunisten und andere unerwünschte antiamerikanischen Elemente auszuradieren, wann immer es ging.

Vanta hatte die Idee einer internationalen Allianz brillant gefunden. Er war es gewesen, der Kontakt zu Fürst Ehrlich und über diesen zu den Bosniern aufgenommen hatte. Vantas Informationen war es zu verdanken gewesen, daß jenes spezielle Flugzeug entführt worden war.

»Wir hätten uns selbst an die Sender wenden sollen«, knurrte Vanta, bevor er noch einen Schluck Bier nahm. »Dann hätten sie gewußt, daß die Schwuchteln an Bord waren.«

»Jack, dann hätten sie sich auch denken können, daß zwischen den Leuten dort und uns Verbindungen bestehen. Schau, ich weiß, ich hab's damals schon gesagt, und ich will dir nicht sagen, ich hätt's gleich gewußt, aber ... ich hab's dir gesagt. Die einzige Möglichkeit für Amerikaner, mit solchen Leuten umzugehen, ist, sie anzuführen. Wir müssen bei dem, was wir tun, radikaler vorgehen.

Mit so ein paar verrückten Hurensöhnen zusammengebracht zu werden, schadet uns nur. Wir können die ganze Geschichte noch mal auf unsere Weise anfangen, wirklich direkt. Vergiß doch die nationalen Kräche von denen und hör auf, dich mit so 'ner Hühnerkacke wie Lichtburg zu beschäftigen. Verdammt, ich wußte nicht mal, wo der Misthaufen liegt, ehe das alles angefangen hat.«

»Wie müssen unsere Arbeit auf die harte Tour machen«, beharrte Jack.

»Klar doch. Und wir müssen sie richtig machen. Wir haben durch die Entführung einiges rausgekriegt. Wir haben jetzt die Mittel, Informationen von den Fluggesellschaften zu bekommen. Wir wissen genauer, wie wir Gerät und unsere Leute in Flugzeuge kriegen. Ich denke, wir wissen auch ein Geheimnis – etwas, das die Rechte tun kann, ohne daß die Leute sich so aufregen.

Ich meine, wir sollten unseren Plan weiter verfolgen, aber es selbst machen, direkt hier in den USA.«

»Also, was meinst du, soll ich als nächstes tun? Ich habe hier zwei Dutzend Männer bei Fuß und noch mal hundert ausgebildete in Reserve, die nur darauf warten, daß das Telefon klingelt, um an die Gewehre zu gehen. Die *Organisation* steht seit Monaten. Alle sind schon ganz kribbelig vom bloßen Herumsitzen. Ich dachte, diese Sache im Ausland würde uns helfen, weißt du, irgendwie für Action sorgen.

Die Burschen wollen kämpfen. Das scheinst du immer zu vergessen. Die wollen ran. Die haben keine Lust mehr auf anfeuernde Ansprachen. Die wollen keine Banken überfallen und die gleiche Scheiße bauen wie der Orden im Westen.

»Dann sollen sie's kriegen«, Mangers Augen wurden glasig bei dem Gedanken. »Wir besorgen ihnen den größten Knaller, den sie sich träumen lassen. Nein, keine weiteren Allianzen. Statt dessen werden wir der ganzen Welt den Weg weisen. Wir werden bald loslegen, Jack, sehr bald.«

»Wo, zum Teufel noch mal? Wo?« Jack war auch mit diesem Bier fertig und ging selbst zum Kühlschrank, während er auf Mangers Antwort wartete.

»Wir haben den Schlüssel. Ich hab's genau durchdacht. Die kleine Reisegruppe in Lichtburg war keine schlechte

Idee. Aber sie war nicht groß genug. Wir müssen das Reisen in den USA für die Homos sehr, sehr riskant machen. Und wir müssen dafür sorgen, daß es sich nicht um einen harmlosen Zufall handelt, wenn die Flugzeuge mit denen sie fliegen, diejenigen sind, die ... Probleme kriegen. Aber das ist nur der Anfang. Wir machen was richtig Großes, etwas, das dieses Land zurück zu einer Position der Macht und der Männlichkeit zwingen kann.«

»Ich höre.« Vanta blieb nichts anderes übrig. Seine Behauptung, daß die Männer unruhig wurden, war wahr. Sie wurden unruhig. Es gab nichts Schlimmeres, als eine Gruppe von Kerlen zusammenzustellen und ihnen zu erzählen, es würde etwas für sie rausspringen, und es dann nicht zu bringen. Es mochte toll sein, dabei zu sein. Und es mochte unterhaltsam erscheinen, endlose Salven von Kugeln im Lager der *Organisation* abzufeuern. Aber es gehörte mehr dazu, wenn er sie über eine nennenswerte Zeit hinweg bei der Stange halten wollte.

»Wir haben immer noch Kontakt zu der Reiseleitung, Vanta. Der Bursche drüben in Reading kann uns sagen, wo die Schwuchteln hinfahren. Wir rufen ihn einfach an, Jack. Wir leiten eine neue Operation ein – eine, die noch größer ist als die in Lichtburg.«

Auch Rip Stallion hatte einen Transatlantikflug hinter sich. Er war vom Hauptquartier angerufen worden. Der Vizepräsident der Nachrichtenabteilung wollte ihn sehen, und zwar gleich. Es war eine Art von Anruf gewesen, die Rip niemals ignoriert hätte. Er wußte, was er wollte – er wollte alles, was die Führung glücklich machte.

Mr. Schmidt war allerdings jemand, der nicht leicht zufriedenzustellen war. Rip wußte das. Er kreuzte in dem Bürogebäude in der Innenstadt New Yorks genau zum rechten Zeitpunkt für seine Verabredung auf. Er wußte, daß man Mr. Schmidt besser nicht warten ließ.

Diese Anrede hatte er schon immer als merkwürdig empfunden, der Vizepräsident hatte jedoch darauf bestanden, obwohl sie im gleichen Alter waren. Gert Schmidt war einer der Erfolgreichsten in der Geschichte der amerikanischen Fernsehnachrichten. Wann immer Rip sich einbildete, eine wundervolle Karriere hinter sich zu haben, brauchte er nur an die seines Chefs zu denken, um zu erkennen, wie weit jemand in kürzester Zeit kommen konnte. Gert war gleich nach dem College an Bord gekommen und sofort als ein Protegé von einem der Obermacker beim Sender abgestempelt worden. Er hatte alle nur denkbaren Privilegien und Möglichkeiten zum Aufstieg in der Firma bekommen, und er hatte alles, was sich ihm bot, voll zu seinem Vorteil ausgenutzt.

Jetzt saß er in dem beeindruckenden Eckbüro des Wolkenkratzers und thronte hinter einem riesigen Schreibtisch, als der eingeschüchterte, aber hoffnungsvolle Reporter eintrat.

»Fein, fein, guten Tag.« Schmidt stand auf und reichte Rip Stallion seine breite Hand. »Setzen Sie sich doch.«

Aus dem Nichts tauchte eine Sekretärin mit einem Kaffee für die beiden auf. Nachdem sie serviert hatte, zog sie sich ebenso still zurück, wie sie gekommen war.

»Ich beobachte Sie seit einer Weile, Rip. Sie haben eine hohe Präsenz auf dem Bildschirm.«

Das war alles, worum Rip sich kümmerte; daß sein Boss um seine Präsenz wußte. Das war es, woran er gearbeitet hatte – nicht an seinem Journalismus, soviel war klar.

»Ich glaube, wir hätten was für Sie.«

»In New York? Bei den Nachrichten?«

»Ja. Ich bin mir nicht sicher, wie viel wir tun können, aber ich dachte mir, Sie hätten vielleicht Lust, wieder herzukommen und es bei den Wochenendnachrichten zu versuchen.«

Das war zwar der Keller des Journalismus bei den Fernsehnachrichten, aber es war ein Ansagerjob – das war alles, was Rip wissen wollte. Das war der Einstieg, den er sich immer gewünscht hatte.

»Mr. Schmidt, ich bin begeistert, daß Sie mich dafür geeignet halten.«

»Ja, dessen bin ich sicher«, lächelte der Vorgesetzte. »Es gibt in dieser Position allerdings ein paar Dinge, die Sie wissen sollten. Die Arbeit beinhaltet gewisse vertrauliche Elemente, und ich möchte, daß Sie sich darüber sehr klar sind, bevor Sie annehmen.

»Ja?« Rip konnte sich nicht vorstellen, was das heißen sollte.

»Sie wissen, daß ich über diese Abteilung des Unternehmens eine sehr strikte Kontrolle ausübe. Auf einem Mann wie mir lastet sehr viel Druck, und ich habe nicht die Zeit, diesen Druck auf gewöhnliche Weise abzureagieren.«

Rip konnte noch immer nicht folgen. Er saß mit der leeren Kaffeetasse in der Hand da und wartete ab.

»Ich bin mir bewußt, wie besessen Sie sind, Rip. Ich bin mir bewußt, daß Sie einer derjenigen unter uns sind, die buchstäblich alles tun würden, um in ihrem Beruf voranzukommen.«

»Sie wissen, daß das so ist«, antwortete Rip, ohne über die Folgen dessen nachzudenken, was Schmidt gerade zu ihm gesagt hatte.

»Ja.« Schmidt lächelte erneut, offensichtlich von der Antwort angetan. »Nun, Rip, es liegt bei Ihnen, ob Sie mir helfen wollen, mit dem Arbeitsstreß fertigzuwerden.«

»Sie wünschen, daß ich Sie zu den Arbeitssitzungen begleite? An der Planung mitarbeite?«

»Wir wollen nicht albern werden«, sagte Schmidt abschätzig. »Wir wissen beide, daß Sie zu einer Mitarbeit auf dieser Ebene nicht in der Lage sind. Ihre Stärke liegt in der Fähigkeit, die Nachrichten abzulesen und dabei gut auszusehen. Seien Sie nicht so dumm, zu glauben, Sie könnten je eine Führungsposition in diesem Unternehmen einnehmen.«

Rip biß sich in die Wange, um nicht aufzubegehren. Es scherte ihn nicht, was der Kerl von seiner Intelligenz hielt. Schmidt hatte recht; das einzige, worauf er aus war, war das Rampenlicht des landesweiten Ansagerpostens, und wenn es nur am Wochenende war.

»Dann verstehe ich Sie nicht, Mr. Schmidt. Was möchten Sie?« Rip wollte es wissen, denn er war entschlossen, es dem Mann zu geben.

»Rip, Sie sind ein sehr gutaussehender Mann. Ich habe Ausschnitte von Ihnen gesehen, als Sie über die Seefahrtmesse drunten in Miami berichteten. Sie sahen nicht schlecht aus in dieser Badehose. Sie haben einen Körper, genau wie ich ihn brauche, um die Spannung in meinem Leben abzubauen.«

»Was?! Wollen Sie damit sagen –«

»Ich will damit sagen, daß Sie so weit gekommen sind, weil Sie ein hübsches Gesicht haben. Sie können noch weiter kommen, weil Sie dazu noch einen hübschen Arsch haben – das heißt, Sie können noch weiter kommen, wenn Sie bereit sind, Ihren hübschen Arsch zu benutzen.«

Rip war platt. Er hatte an Mr. Schmidt nie als an einen möglichen Sexualpartner gedacht. Rip war schon von einer Reihe von Männern angemacht worden; das passierte auf diesem Gebiet, wenn man so gut aussah wie er. Er hatte nichts dagegen, wenn Schwule ihn begehrten; im Gegenteil, ihm gefiel die Anerkennung für sein Aussehen, die darin lag, wenn andere Männer ihn derart attraktiv fanden. Aber er hatte nie der Versuchung nachgegeben, jemals mit einem von ihnen etwas anzufangen.

Rip gehörte zu den Fernsehstars, die massenhaft Angebote von schönen Frauen bekamen. Er hatte diese Angebote angenommen, weil er glaubte, es würde von ihm erwartet. Er mochte es, eine allseits bekannte Frau am Arm zu haben, wenn er auf eine Party ging oder sich an den Tisch eines guten Restaurants setzte. Es vervollständigte sein Selbstbild.

Ein Mann war in diesem Selbstbild nie enthalten gewesen. Er war sich nicht sicher, ob es ihm etwas ausmachen würde. Die Wahrheit war – und Schmidt wußte das wahrscheinlich bereits –, daß Rip sich zwar schon mit vielen Frauen hatte sehen lassen, daß er aber nie viel mit einer von ihnen gemacht und schon gar nicht irgendeine Art von langfristigerer Beziehung mit einer eingeangen war. Frauen waren in seinem Leben ein Gegenstand.

Ein Gegenstand ... mit einem Mal dämmerte es Rip, daß es das war, was Schmidt von ihm verlangte. Er wollte Rip und seinen Körper benutzen. »Wie oft? Auf welche Weise?« Die Fragen brachen einfach aus ihm heraus.

»Oft. Wann immer ich will.« Weiter ging Schmidts Antwort nicht.

»Gehalt? Kleiderzuschuß?«

»Mehr als Sie sich je träumen ließen.«

»Und was wäre der erste Schritt?«

»Der erste Schritt wäre, daß Sie sich ausziehen und mir zeigen, was ich bekomme, wenn ich Ihnen den neuen Job gebe.«

Rip stellte die Tasse auf Schmidts Schreibtisch ab und stand auf. Das war etwas, was er begreifen konnte. Sobald ihm klar geworden war, daß Schmidt ihn benutzen wollte, wie Rip selbst eine Frau benutzen würde, lag der Deal auf dem Tisch.

Rip war natürlich nicht stolz darauf, wie er die Frauen behandelt hatte, und es gefiel ihm keineswegs, von diesem Mann in die gleiche Position gebracht zu werden; aber er wußte, wo die Macht in diesem Unternehmen lag, und Schmidt hatte sie. Schmidt konnte sich allerdings irren, wenn er Rips journalistische Fähigkeiten unterschätzte. Er dachte bereits an versteckte Kameras und Aufnahmegeräte mit Stimmaktivierung. Es würde nicht allzuviel erfordern, um in Zukunft die Oberhand über Schmidt zu gewinnen.

Das alles nur für ein Stück Arsch? Dachte Rip. All meine Träume, und ich brauch dafür nur die Beine breitmachen und ein bißchen schwanzlutschen. Und so übel sieht er ja gar nicht aus. Jung und straff. Das wird nicht schwer.

Rip zog sich mit der gemächlichen Sicherheit, die er als Profi hatte, aus. Sorgfältig legte er jedes Kleidungsstück auf den Stuhl, auf dem er gesessen hatte. Bald war er nackt bis auf die Unterhose.

»Doch, recht hübsch«, sagte Schmidt. Er war sich durchaus bewußt, daß die kleine Vorstellung Rip tatsächlich angeturnt hatte. Der Beweis steckte in der Ausbeulung seines Slips.

Schmidt stand auf und kam auf Rips Seite des Schreibtischs. »Ich hatte Ihnen doch befohlen, alles auszuziehen!« Schmidt griff nach dem Gummibund von Rips Unterhose und zerrte ihn so gewaltsam nach unten, daß er riß. Rips schon vorher deutliche Erektion war nun unverhüllt für beide sichtbar. Nicht, daß es Schmidt geschert hätte. Rip begann zu begreifen, daß der Sendeleiter sich niemals um das kümmern würde, was Rip gefiel oder nicht.

Urplötzlich wurde Rip mit dem Gesicht nach unten auf den Schreibtisch gestoßen. Die Überbleibsel seiner Unterhose wurden ihm heruntergerissen. Schmidt betatschte roh die glatten Halbkugeln von Rips Arsch.

»Gefällt mir, so'n hübscher kleiner Hintern wie der da«, sagte Schmidt mit einem Anflug von Grausamkeit in der Stimme. »Ich mag glatte Haut, das helle Haar ...«

Rip war schockiert, als Schmidt ihm plötzlich einen festen Hieb auf den Arsch versetzte. Er versuchte, sich aufzurichten und zu protestieren, aber Schmidts andere Hand hielt Rip am Hals gepackt und zwang ihn, in der wehrlosen, unterwürfigen Haltung zu verharren.

Da war das Geräusch eines sich öffnenden Reißverschlusses. Rip bemühte sich, den Kopf zu drehen, um zu sehen, was geschah. Schmidt hatte seinen dunklen und bedrohlichen Schwanz aus der Hose geholt. Er ließ Rip los, um sich ein Kondom überzustreifen. »Wer weiß schon, von wem Sie sich schon alles haben ficken lassen?« sagte Schmidt mürrisch.

Rip wollte Einspruch erheben – darauf bestehen, daß er Jungfrau war – ihm blieb jedoch keine Zeit für eine zusammenhängende Äußerung, bevor er von Schmidts Schwanz aufgespießt wurde.

Der Fick war rasch und gewalttätig. Es war nichts daran, was man als Liebesakt hätte bezeichnen können; nur das brutale Besteigen eines Mannes durch einen anderen. Rip schrie auf, aber seine Proteste blieben unbeachtet. Gott sei Dank kam Schmidt rasch, und die Attacke endete, bevor irgendein Schaden angerichtet wurde.

Als es vorbei war, als Schmidt seinen Schwanz aus Rips Arsch gezogen und dann den Gummi weggeworfen und den Reißverschluß wieder geschlossen hatte, setzte er sich an den Schreibtisch zurück und nahm einige Schriftstücke zur

Hand. Er las die Akten vor sich durch, während Rip, sich kaum dessen bewußt, was geschah, seine Kleider aufsammelte und sich anzog.

»Sie müssen lernen, es mehr zu genießen, wenn Sie je aus dem Wochenendloch rauskommen wollen«, sagte Schmidt, als Rip fertig war. »Ach, und übrigens, ich mag es, wenn Männer Seidenunterwäsche tragen. Bei Bergdorf Goodman gibt es Seidenslips. Nehmen Sie Ihre Kleiderzulage und besorgen Sie sich ein paar. Tragen Sie sie immer. Sie werden auf Abruf bereitstehen.«

Mit seiner Antwort auf den Befehl bewies Rip die volle Größe seiner Persönlichkeit: »Welche Farbe?«

VII

Die Spartaner waren eine der wenigen Schwulengruppen, bei der mitzumachen Charlie Tom je hatte bewegen können. Zum einen war sie alles andere als öffentlich. Die Organisation schwuler Sportler hatte von Anfang an auf Abgeschlossenheit bestanden. Zum andern schüchterten diese Männer Tom nicht so sehr ein. Unter den weniger muskulösen Männern in der Oper fühlte Tom sich nicht recht wohl, und schon gar nicht wohl fühlte er sich unter den politischen Typen, die ihnen immer Vorträge hielten, warum sie auf öffentliche Demonstrationen gehen sollten.

Die Spartaner traf sich wöchentlich in einer privaten Sporthalle im Center City Philadelphia. Die beiden Lehrer kamen nicht zu jedem Termin, gingen aber hin, so oft sie konnten.

Eine schwule Kraftsportgruppe hätte ihnen gefallen, wenn man bei den Spartanern eine hätte aufbauen können, aber sie ließen die anderen so weit hinter sich, daß für sie ein echter Wettbewerb nicht möglich war. Statt dessen übernahmen sie die Rolle von Lehrern und Trainern. Ihr eigenes schweres Training verschoben sie auf ihre Besuche im Sportstudio. Charlie hatte angeboten, den Spartanern beim Aufbau einer kleinen Footballmannschaft zu helfen, aber bisher hatten noch nicht genügend Männer ihr Interesse daran bekundet.

Trotzdem genossen die beiden die Gruppe sehr. Diese Welt männlicher Körper, die Sport trieben, war schließlich ihr Milieu. Hier fühlten sie sich wohl und paßten am besten dazu.

An jedem Abend gab es zahlreiche Aktivitäten. In einem Teil ihrer Sporthalle fand ein Volleyballspiel statt; in einem anderen wurde Basketball gespielt. Gerade eben erklärte

Charlie die Kunst des Trainings mit freien Gewichten einem jungen, pickeligen Jugendlichen, der anscheinend nicht in der Lage war, zuzuhören. Er starrte so inbrünstig auf Charlies enorme Brust, daß er völlig außerstande schien, sich zu konzentrieren.

»Krieg ich die auch, wenn ich's mache?« fragte der junge Mann.

»Na klar. Brustmuskeln lassen sich auf viele Arten entwickeln. Vielleicht solltest du in ein Sportstudio mit Universalgeräten gehen.«

»Wie lange hat das gedauert?« Seine Augen gingen zwischen den Punkten hin und her, wo Charlies Brustwaren sich unter dem T-Shirt abzeichneten.

»Also, ich trainiere, seit ich in der Oberschule war.«

Der junge Mann seufzte. »Hätt' ich mir denken können. Jahre. Jahre, nur um Titten zu kriegen.« Plötzlich schaute er zu Charlies Augen auf. »Hey, kennst du Kerle, die zu 'nem Schönheitschirurgen gegangen sind, um welche zu bekommen? Mädchen machen das. Kennst du den Song aus Chorus Line?«

»Ich fürchte, das ist nicht ganz dasselbe.«

»Hätt' ich mir denken können.« Zögernd kehrte der Teenager zu den freien Hanteln zurück.

Charlie schaute ihn sich eine Weile an und ließ ihn sich dann alleine weiter abrackern. Er ging hinüber zu Tom, der gerade mit einem fortgeschritteneren Schützling arbeitete. Rusty war zwanzig und schon lange genug dabei, um in der Lage zu sein, eine wirklich beeindruckende Vorstellung mit den Gewichten zu bieten. Inzwischen war er weniger daran interessiert, von einem Trainer angeleitet zu werden, als von Tom zu erfahren, wie er Bodybuilding so ernsthaft betreiben konnte, um in einer Konkurrenz anzutreten. Er war immer auf Ratschläge aus – und eine Chance, mit dem schwarzen Giganten, in den er offensichtlich vernarrt war, alleine zu sein.

Charlie stand dabei, während Tom gewissenhaft über die Konturen einiger von Rustys Muskeln fuhr. Der Rothaarige war vom Anblick und dem Gefühl von Toms Händen hypnotisiert, während diese seinen bleichen Leib klinisch untersuchten. Na schön, dachte Charlie, darüber mache ich mir bestimmt keine Sorgen. Wenn ich Tom nach all den Jahren nicht vertrauen könnte, könnte ich schließlich alle Hoffnung sausen lassen.

Welches Vertrauen zu Tom Charlie auch haben mochte, er tat nichts, um die Phantasien, die Rusty seinem Freund gegenüber hegte, einzuschränken. Nachdem er in den Umkleideraum gegangen war, hatte Rusty seine Sportsachen und seinen Jockstrap ausgezogen und stand nun nackt da. Es tat gut, alleine zu sein. Die direkte Nähe zu Tom hatte Rusty beinahe geschafft. Sein Schwanz war gierig und hungrig.

Er ging in die Dusche und drehte das heiße Wasser auf. Eine kalte Dusche hätte ihn vielleicht beruhigt, aber darauf war er gar nicht aus. Rusty wollte seine Gefühle für den stämmigen schwarzen Bodybuilder nicht loswerden, er wollte darin schwelgen.

Er träumte, er und Tom seien zusammen. Er konnte sich vorstellen, von dem anderen gefickt zu werden. Rusty wußte sich nicht zu helfen, er griff nach hinten und steckte sich einen Finger ins Arschloch. Er versuchte, so zu tun, als sei es Toms Schwanz. Mit der anderen Hand wichste er seinen Ständer. Er versank in Empfindungen von heißem Wasser, seiner glitschigen Erektion und dem Gefühl, von etwas in seinem Arsch ausgefüllt zu werden ...

»Der turnt dich echt an, was?«

Rustys Augen klappten auf. Er fühlte sich gedemütigt, auf frischer Tat ertappt worden zu sein, nicht einfach beim Wichsen – das wäre schon schlimm genug gewesen –, sondern dazu noch, wie er sich den Finger in den Arsch steckte. Er errötete so stark, daß seine Haut so rot wurde wie sein Haar.

Bei dem Störenfried handelte es sich um Damon, einen der anderen jungen Männer, die bei Tom trainierten. Er war natürlich nicht annähernd so kräftig; verglichen mit ihrem Lehrer waren sie alle Anfänger, aber Damon hatte gute Fortschritte gemacht. Die Muskeln an seinen Seiten waren eindrucksvoll ausgebildet. Besonders gut entwickelt waren seine Beine. Nicht nur die Oberschenkel, an denen viele Anfänger etwas machen können, sondern auch seine Waden, und Rusty wußte, wie schwer es war, diese in eine solch scharfe Form zu bringen.

Alle Anerkennung der Welt jedoch konnte nicht verhindern, daß Rusty sich am Boden zerstört fühlte, weil er ertappt worden war.

»Komm schon, Mann«, sagte Damon lächelnd. »Ist ja schließlich ein schwuler Sportverein.«

Rusty war sich nicht sicher, was Damon damit meinte, aber er brauchte nicht lange darüber nachzudenken. Der stämmige schwarze Junge kam auf ihn zu und legte ihm eine Hand auf dem Arsch. »Kein Wunder, daß du damit rumspielst, so hübsch und lecker wie der ist.«

Rusty zeigte keinerlei Reaktion – konnte er auch nicht, da Damon sich zu ihm beugte und ihn küßte. Die Umarmung genügte, um Damons Schwanz zu voller Länge ausfahren zu lassen, und sein steifer Schaft preßte sich gegen Rustys Bauch.

»Ist doch nicht nötig, so'n süßen Arsch zum Wichsen zu

verschwenden, wenn da einer dabei ist, der ihn echt zu schätzen wüßte«, flüsterte Damon Rusty ins Ohr. »Warum drehst zu dich nicht rum und beugst dich 'n bißchen vor, dann kümmer ich mich um dein Problem.«

Sex in der Öffentlichkeit war nicht gerade Rustys Ding, und er hatte das Gefühl, etwas Verkehrtes zu tun, wenn er das in der Halle zuließ, die die schwule Gruppe benutzte; das Verlangen, das er im Innern nach Damon verspürte, überwand jedoch alle etwaigen Skrupel.

Rusty tat, was ihm gesagt worden war. Er drehte sich um, stützte sich mit verschränkten Armen an der Wand der Dusche ab und reckte den Arsch. Das Duschwasser strömte ihm über die Schultern und rann an seinem Rücken hinab, um sich in einem Strom zu sammeln, der durch seine Arschspalte floß. Das Gefühl des Wassers, daß durch die Vertiefung in seinem Arsch strömte, wirkte auf Rusty äußerst erotisch. So sehr er seinen Körper auch gepflegt hatte, so hatte er doch nie dessen erotische Potentiale erkundet. Im Augenblick blieb ihm keine andere Wahl.

Damon mußte ihm schon länger zugesehen haben; er war vorbereitet. Er hielt bereits ein Kondom in der Hand. Hat er wirklich gedacht, ich wäre so leicht zu kriegen? dachte Rusty, als er über die Schulter blickte und sah, wie der junge Schwarze, den Schutz überstreifte. Na, vermutlich bin ich's auch! lachte er in sich hinein.

Damon achtete nicht darauf. Er verfolgte offensichtlich seine eigenen Ziele. Sobald sein Schwanz geschützt war, seifte er ihn ein; dann stieß er gegen den straffen Körper des rothaarigen Sportlers. Sein dicker Schwanz drang mühelos ein. Ihr lustvolles Stöhnen mischte sich mit den Geräuschen der sprudelnden Dusche. Sie bewegten sich hastig, voller Verlangen und Erregung.

Rusty war von dem Gefühl, von Damon gefickt zu werden, völlig hingerissen. Der andere Junge hatte recht gehabt; es war eine Verschwendung gewesen, einfach nur den Finger in das Loch zu stecken, das sich nun so bereitwillig dem Umfang von Damons Schwanz anpaßte.

Damon hatte noch nie die Gelegenheit gehabt, sich über den Hintern eines weißen Jungen herzumachen. Normalerweise war ihm nicht wohl dabei, sie anzumachen, nicht einmal hier in der offen schwulen Umgebung der Gruppe, aber der Anblick von Rusty, der sich unter der Dusche betatschte, war so wunderbar nuttig gewesen, daß Damon alle Vorsicht hatte fahren lassen. Und jetzt glitschte und rutschte er über die bleiche, sommersprossige Haut des jungen Bodybuilders, und es gefiel ihm. Es gefiel ihm sehr.

Die beiden hatten keine andere Wahl, als schnell zu machen. Nicht, daß sie gefürchtet hätten, hier in der Dusche entdeckt zu werden, es war ihre Leidenschaft, die sie so antrieb. Beide spritzten innerhalb von Sekunden, so schien es, ab. Sie keuchten heftig, während sie wieder zu Atem zu kommen suchten.

Danach schienen sie sich ein wenig voreinander zu genieren. Obwohl sie gerade die größtmöglichen intimen Momente geteilt hatten, breitete sich eine peinliche Stimmung aus, als sie sich trennten und anfingen, wirklich zu duschen und ihre Leiber unter dem stetigen Wasserstrom einzuseifen.

»Lust auf einen Drink oder sowas nachher?« fragte Damon schließlich.

»Ja, klar«, sagte Rusty.

Die beiden Jungen hatten sich in die Rüstung amerikanischer Halbwüchsiger gehüllt. Sie würden sie wieder ablegen, wenn dieser Augenblick der Leidenschaft zwischen ihnen aufflammen würde. Die Frage, ob es passieren würde, stellte sich nicht. Sie musterten sich über den gefliesten Duschraum hinweg und wußten, daß sie wieder zusammenkommen würden. Es war nur eine Frage, wann, und das würde sich recht bald herausstellen.

Und Charlie vertraute Tom wirklich. »Tja, Mr. Thomas Bolan, sieht aus, als hätte Ihre letzte Flamme, das Interesse an Ihnen verloren.« Charlie gebrauchte Toms Nachnamen und eine formelle Sprache, um die Situationskomik – und, wie er hoffte – seine Unbekümmertheit auszudrücken.

»Ach, der ist ein netter Kerl.« Sie beobachteten, wie der Rothaarige sich von ihnen entfernte.

Charlie ging zu seinem Spind und zog Sportsachen und Jockstrap aus. Er nahm ein Handtuch und ging in die Dusche, die Rusty und Damon erst kurz zuvor verlassen hatten. Das Wasser strömte schon über Toms wunderschönen Körper, als Charlie eintrat. Er wirkte wie eine vollkommene Statue, eine Art klassischer Akt unter einem Brunnen.

Ströme von Duschwasser flossen an Toms gewaltigen Rückenmuskeln herab und schienen von seinem breiten, festen Arsch zu fallen. Charlie ging von hinten auf seinen Geliebten zu. In der Hand hielt er ein Stück Seife. Bedächtig fing er an, Toms Rücken einzuseifen. Die bloße Berührung seiner Hände schien Tom zu entspannen. Er seufzte und ließ die eingeschäumten Hände über seinen Leib fahren.

Dann drehte Tom sich um. Jetzt lächelte er. Er nahm Charlie die Seife aus der Hand und revanchierte sich. Als er die breite Brust seines Freundes erreichte, hielt er inne. »Einer der Jungs wollte wissen, ob ihm ein Schönheitschirurg eine Brust wie meine verschaffen könnte«, lachte Charlie.

»Oh Gott, das schwule Leben wäre nie mehr das gleiche, wenn's so einfach wäre!« feixte Tom zurück.

Charlie deutete den Witz als gutes Zeichen. Er beschloß,

die Gelegenheit zu nutzen. »Marco hat angerufen, bevor wir heute abend herkamen. Er fragte, ob wir Lust hätten, einen mit ihm trinken zu gehen, wenn wir fertig sind. Können wir?«

Tom runzelte ein wenig die Stirn, aber die elektrische Spannung zwischen den beiden Freunden zeigte sich allzu deutlich an den sich reckenden Schwänzen, die sich aufrichteten, als wollten sie in der Mitte zwischen ihren beiden Bäuchen zusammentreffen.

»Na ja, da wir uns für eine Weile sowieso nicht um das Naheliegende kümmern können, denke ich, wir können gehen und uns mit Marco treffen. Der Junge ist okay. Solange es keine Schwulenkneipe ist.«

»Versprochen«, sagte Charlie. Er beugte sich nach vorn und küßte seinen Geliebten auf die Lippen, etwas, das Tom ihm nur gestattete, wenn sie alleine waren. »Aber ich glaube, wir duschen uns besser noch mal kalt ab, ehe hier einer reinkommt und sieht, wie wir die Gebote der Natur und die Regeln der Gesellschaft auf ein Mal brechen. Und am besten mit sehr kaltem Wasser.«

»Ich denke, darüber brauchst du dir keine Sorgen zu machen«, entgegnete Tom. »Ich glaube, ein Platz ließe sich finden.«

»Wo?« Charlie war sich nicht sicher, was Tom meinte. Tom nahm ihn an der Hand und führte ihn aus der Dusche, wobei die beiden eine Wasserspur auf dem Fußboden hinterließen. Tom führte ihn in den Lagerraum. In dem engen Zimmer roch es kräftig nach Hallendüften, dem würzigen Aroma von getragenen Jockstraps und feuchten Handtüchern, der einen so großen Teil in ihrem Leben einnahm.

Der Duft genügte, um Charlie wieder steif werden zu lassen, genau worauf Tom es abgesehen hatte. Der Schwarze ging in die Knie und saugte den steifer werdenden Schwanz seines Freundes in den Mund.

Es ging so schnell und war so intensiv, daß Charlie sich kaum beherrschen konnte. Er massierte das Kraushaar auf Toms Kopf, für ihn ein weiteres Element in einem vollkommenen sexuellen Erlebnis.

Tom stand auf. Mit einer Hand packte er Charlies Schwanz und mit der anderen seinen eigenen. Die beiden Männer schauten sich an, musterten ihre nahezu vollkommenen Formen, die sie durch das Bodybuilding gewonnen hatten.

Ihre Brüste hoben und senkten sich mit Macht, als Tom fortfuhr, ihre Ständer zu bearbeiten. Ihre Bauchmuskeln spannten sich einträchtig mit kraftvollen Bewegungen. Charlie fuhr mit der Hand über Toms Gigantenbrust und spürte gleichzeitig, wie sein Brustkasten sich ausdehnte.

Es war kein Zeitpunkt für Unentschlossenheit. Dies war ein Augenblick, in dem sie sich dem anderen zeigen mußten. Charlies Eruption kam von tief unten aus dem Bauch und brach aus seinem Schwanz hervor in einem Strudel aus Sperma, das auf Toms Leib klatschte. Der schwarze Mann konnte nicht mehr an sich halten. Sobald der erste Schwall seinen Bauch traf, kochten seine eigenen Säfte hoch und ergossen sich aus seinem Körper auf Charlie.

Als sie endlich fertig waren, sprach Charlie als erster. »War da nicht was von 'ner kalten Dusche gewesen?«

Die beiden Männer lachten und machten sich zurück zur Dusche auf, jetzt sicher, daß sie sich würden besser beherrschen können.

Sie trafen Marco an der Bar des Garden Restaurants auf der Spruce Street. »Na, für ein Perrier können sie sogar hier nicht allzu viel nehmen«, brummelte Tom. Charlie lächelte nur. Gegen die Rechnung für ihr extravagantes Jahresdinner, das sie früher im Jahr hier gehabt hatten, hatte es keinerlei Einwände gegeben.

Marco war an Tom gewöhnt und achtete nicht auf die Bemerkung. »Ich habe immer ein gutes Gefühl, wenn ich weiß, daß ich euch beide aus den Fängen der Vorstadt befreit habe. Ich habe Alpträume, wenn ich daran denke, daß ihr in Ponderosa Steakhäusern eßt und im Einkaufszentrum ins Kino geht.«

Er winkte dem Barkeeper und bestellte sich einen Gin Tonic, während sich die beiden Kraftsportler an ihre Diät hielten und um Mineralwasser baten.

»Es gibt einen Anlaß«, sagte Marco, als sie wieder alleine waren. »Ich hab euch etwas bekanntzugeben.«

»Was?« Selbst Tom ging auf Marcos offenkundige Aufregung ein.

»Ich bin der neue Dirigent der Philadelphia Choral Society.«

»Der was?« Charlie hatte von einer solchen Organisation noch kein Wort gehört, und das hielt er für unwahrscheinlich.

»Es wird schon lange daran gearbeitet. Ich hatte es nicht erwähnt, da ich Angst hatte, es würde entweder nie etwas daraus werden, oder es würde so schiefgehen, daß ich nicht würde zugeben wollen, daß ich etwas damit zu tun habe. Aber nichts dergleichen. Es ist wirklich recht gut. Und ich bin stolz drauf.«

Die Getränke kamen. Charlie wartete gespannt darauf, daß der Barkeeper wieder ging, um mehr über die neue Gruppe zu erfahren. »Wann hat das angefangen? Wie bist du da reingekommen? Was werdet ihr aufführen?«

Marco hob die Hand, um die Flut von Fragen abzuwürgen.

»Eigentlich läuft es seit Weihnachten. Ich hab euch doch erzählt, daß ein paar von uns auf die Schnelle einen Messias gemacht haben. Also, das war nur der Anfang von was viel Größerem, wie sich herausstellte. Es hat solchen Spaß gemacht, daß wir weitergeübt haben. Die anderen fanden heraus, daß ich was mit der Oper zu tun habe, und da haben sie mich gebeten, immer mehr Verantwortung für das Programm und die Verwaltung zu übernehmen.

Es ist tatsächlich so groß, daß ich bald ein Gehalt bekomme. Wir haben ein paar echt dicke Sponsoren gefunden, und die ganze Geschichte wird so groß, daß man bald Vollzeitkräfte braucht.«

»Das ist ja toll, Marco!« sagte Tom, und das war sein Ernst. Seit sie ihn kannten, hatte Marco sich um eine Beschäftigung im Musikbereich bemüht. Er war bereit gewesen, jede Aufgabe zu übernehmen, die etwas mit seinen künstlerischen Interessen zu tun hatte. Tom und Charlie mochten den Italiener sehr. Er war nicht so butch, wie Tom ihn gerne gehabt hätte; vielleicht lag es daran, daß Marco so überaus gut in seiner Musik war, daß Tom seine weiblichen Eigenschaften übersah. Die Glückwünsche kamen jedenfalls von Herzen.

»Und wann wir anfangen – ehrlich gesagt, wir haben schon. Wir sind zur Finanzierung in einer Reihe von schwulen Clubs aufgetreten, und wir hatten ein paar Vorstellungen.«

»Warum hast du uns nichts erzählt?« Charlie war platt, daß er nichts gewußt hatte.

Marco schaute nur Tom an und zuckte die Achseln. Die Botschaft war angekommen: die Vorstellungen mußten an eindeutig schwulen Orten stattgefunden haben, an denen Tom, wie er wußte, sich unwohl gefühlt hätte.

»Jedenfalls ist das alles vorbei. Wir haben die Möglichkeit, bei einem Gruppenkonzert in Chicago zu singen. Das ist ein ideales Debüt. Wir haben Geld für einen Charterflug und alles drum und dran aufgetrieben. Alles ist unter Dach und Fach. Und wenn wir zurückkommen, dann müßt ihr zu einem unserer Konzerte kommen – schwul oder nicht, verhuscht oder nicht.«

Tom wandte den Blick von seinen beiden Freunden ab. Charlie achtete nicht auf das Unbehagen seines Lovers. »Wann geht's nach Chicago?« Marco nannte ihnen das Flugdatum und alles übrige. »Wir bringen euch zum Flughafen – nicht wahr, Tom?«

Zu Charlies Verblüffung zögerte Tom nicht. »Na klar. Wir verabschieden euch mit Blumen und Champagner.«

Auf der Rückfahrt in die Vorstadt später am Abend schien Tom in Gedanken verloren. Charlie wußte, daß diese Art von Schweigsamkeit gefährlich war, wenn man sie zu lange andauern ließ. Er machte einen Versuch und fragte Tom, was nicht in Ordnung sei.

Tom dachte kurz nach und sagte: »Es ist das ganze Zeug, von dem du immer redest. Marco ist von allen Schwulen, die wir kennengelernt haben, der, den ich am meisten mag. Nach all der Zeit, in der er versucht hat, sein Musikding auf die Reihe zu kriegen, ist so etwas Wichtiges für ihn passiert. Aber er hat nicht daran geglaubt, daß es uns kümmert.«

»Natürlich wußte er, daß es uns kümmert.«

»Egal, jedenfalls hat er nicht daran geglaubt, daß es uns genügend kümmert, um mitzumachen. Das ist doch das, was du auch mir gegenüber manchmal empfindest, stimmt's? Daß ich so verklemmt bin, daß wir einige sehr wichtige Dinge nicht teilen können? So wie Marco einfach davon ausgegangen ist, daß ich mich nicht über seinen Erfolg gefreut hätte.«

»Hättest du's?«

»Ich weiß nicht. Ich komm mir einfach mies vor, weil ich manche Dinge so hochgespielt habe, daß er einfach nicht glaubte, mich fragen zu können, ob ich Lust hätte, mir seine Gruppe in einer Schwulenkneipe anzuhören, weil ich so'n Arschloch bin, wenn's darum geht, in solche Läden zu gehen. Irgendwas ist beschissen an alledem.«

Charlie sagte nichts mehr. Er hoffte nur, daß damit etwas anfinge, das ihr Leben verändern würde – endlich.

VIII

Alex und Danny saßen mit Joseph Farmdale im Speisesaal des Ritz-Carlton Hotels in Boston. Der Bericht, den Alex gerade erstattet hatte, beunruhigte den alten Mann sichtlich. Er nippte an seinem Cognac und dachte deutlich angestrengt über die Information nach.

»Bisher«, stellte er fest, »haben es die Terroristen vor allem auf Geld und Aufmerksamkeit abgesehen. Sie haben auf den Massenmedien, die uns das elektronische Zeitalter gebracht hat, gespielt wie auf einer guten Geige. Eine der ernsten Sorgen der Regierungen in aller Welt war immer, daß diese Leute tatsächlich mit gemeinsamen Kräften eine gezielte und koordinierte Aktion unternehmen könnten. Wenn sie nun ihre Fähigkeiten nutzen und auf einen Feldzug gegen die Zivilbevölkerung richten würden ...«

»Aber das ist doch schon passiert«, sagte Danny. »Schauen Sie nur, was die IRA mit ihren Bomben in London gemacht hat. Vor einiger Zeit brachten sie während der Weihnachtszeit diese ganzen Leute um, die beim Einkaufen waren.«

»Ja, aber selbst sie sind vor dem öffentlichen Aufschrei, der dann kam, zurückgeschreckt«, erwiderte Farmdale.

»Unsere wirklich verletzlichen Städte und unsere Wirtschaft waren bisher noch nicht das Ziel der Terroristen. Entweder haben sie diese Schwäche noch nicht erkannt, oder sie begreifen, daß die Regierungen mit außergewöhnlichen Methoden antworten müßten, wenn sie ihre grundlegendsten Pfeiler dem Angriff ausgesetzt sähen.«

»Nun, auch das ist passiert«, zürnte Alex. »Wenn sie Flugzeuge mit Touristen überfallen ...«

»Dann nähern sie sich den Grenzen, die kein Staat hinnehmen kann. Der erste Ansturm von Luftpiraterie ist das beste Beispiel für das, was ich meine, wenn ich sage, daß die Staaten außergewöhnliche Maßnahmen ergreifen werden. Angefangen hat es mit den Entführungen von amerikanischen Inlandsflügen nach Havanna. Ihr erinnert euch sicher. Um sie zu beenden, waren die Vereinigten Staaten und Castro doch tatsächlich bereit, zusammenzuarbeiten, und die Kubaner kündigten sogar an, daß kein Flugzeugentführer je Asyl in ihrem Land erhalten würde.

Das ist gewiß als außerordentliches Ereignis zu bewerten, zumal die beiden Länder keinerlei diplomatische Beziehungen unterhielten. Um jedoch die Handelslinien der Welt zu schützen, waren sogar ein kommunistischer Fanatiker wie Castro und ein konservativer Republikaner wie Nixon zur Zusammenarbeit bereit.«

»Ist das so wichtig?« fragte Danny. »Ich meine, ist das so wichtig für mich – ich mache mir Sorgen um die Leute in solchen Flugzeugen und die Gefahr, in der sie schweben. Aber was bewegt die Regierungen dazu, ihre Streitereien beizulegen um es zu verhindern?«

Farmdale nickte, um anzudeuten, daß er die Frage verstand. Es war eine gute Frage. »Die Regierungen der Welt wurden errichtet, um den Handel zu schützen, Danny. Darauf beruht ihre Existenz. Sie waren nur in der Lage, zu organisieren und Steuern zu erheben, weil sie versprechen konnten, die Handelswege zu sichern. In gewisser Weise ist das eine vereinfachte Antwort, andererseits aber eine erstaunlich zutreffende.«

»Und wenn die selben Regierungen heutzutage die Handelsstraßen am Himmel nicht mehr sichern können –«, setzte Danny an.

»Dann werden diese Regierungen stürzen. Vielleicht nicht

so wie die alten Regimes, aber sie wären inakzeptabel geschwächt. Was würde passieren, wenn wir in einer Welt lebten, in der unsere wichtigsten Arten zu reisen von Anarchisten beherrscht würden? Das darf nicht gestattet werden.«

»Darum geht es im Grunde doch gar nicht «, sagte Alex. Er ärgerte sich wirklich über diese Unterhaltung über Handel und frühere Regierungsformen. »Der Grund, weshalb wir eine Gesellschaft haben, ist, menschliches Leben zu beschützen.«

Farmdale widersprach nicht. »Ihre Position ist sogar noch fundamentaler, Alex. Das ursprüngliche Zusammenleben in Stämmen diente genau diesem Zweck. Die Gründung von Regierungen erfolgte, als diese Stämme Handel miteinander treiben wollten. Das Argument hebt lediglich die Bedeutung von freien und sicheren Wegen für unschuldige Menschen zu allen Zeiten hervor. In diesem Jahrhundert bedeutet dies Flugreisen.

Wenn jemand so töricht – so verrückt – wäre, die Welt tatsächlich auseinanderreißen zu wollen, dann müßte er nur dieses eine Glied in der globalen Kommunikation aufs Korn nehmen. Die Geburt der Luftfahrt schuf nicht nur eine neue Form des Warentransports, der geschützt werden mußte, er vervielfachte auch die Zahl der Menschen, die auf ihn angewiesen waren. Millionen von Menschen besteigen heutzutage Flugzeuge. Wenn diese unbewaffneten Flüge systematisch angegriffen werden, dann kommt es zur Massenpanik, und Gott weiß, was das für Konsequenzen haben wird.«

Deshalb ist also Alex' Bericht so furchterregend«, sagte Danny. »Die rechtsradikalen Idioten sprechen davon, genau das zu tun, was Sie sagten. Aber er hat die Kerle erwischt – oder die Schwulenbewegung von Lichtburg.«

»Können Sie sich vorstellen, was die Deppen in Washington gedacht haben müssen, als sie die Szene im Fernsehen sahen?« fragte Alex. Ein Lächeln huschte über sein Gesicht, als er sich das Bild ausmalte.

»Ich zweifle, daß meine ... Kollegen im District of Columbia sehr entzückt darüber waren, diese Bilder zu sehen«, sagte Farmdale. Er mußte sich zwingen, ein Lachen zu unterdrücken. Alex Kane hatte eine Vorstellung davon, um welche Leute es sich bei den Machthabern in der Bundesregierung handelte. Joseph Farmdale war mit vielen von ihnen auf der Oberschule und in Harvard gewesen und wußte aus erster Hand, wie peinlich berührt und aufgeregt sie gewesen sein mußten, als sie zur Kenntnis nehmen mußten, daß eine schwule Guerillaorganisation – und nicht eine NATO-Streitmacht – die Weiße Armee überwältigt hatte.

»Jedenfalls«, nahm Farmdale sich zusammen, »wir wissen jetzt, daß die rechtsradikalen Terroristen sich zu einem Netzwerk zusammengeschlossen haben. Sie tauschen ihre Informationen aus, und sie verfügen über gemeinsame Ressourcen. Unsere Regierung versteht unter Terrorismus nur etwas, das von links kommt. Wir wissen, daß dieser Terrorismus von rechts kommt. Besonders ihr beide wißt das nur allzu genau. Wenn rechtsradikale Gruppen sich auf internationaler Ebene zusammenschließen ...«

»Dann stecken wir alle in großen Schwierigkeiten«, beendete Alex den Satz für ihn.

»Exakt. Ich werde mich jetzt an meine Computer setzen und anfangen, die finanziellen Transaktionen von einigen der weniger vernunftbegabten konservativen Menschenfreunden im Land zu verfolgen. Vielleicht gelingt es mir, auf diese Weise etwas herauszufinden. Wenn ja, werde ich mich sofort mit euch in Verbindung setzen.«

Alex Kane wachte am nächsten Morgen in seinem eigenen Bett auf. Er reckte sich, damit ein möglichst großer Teil seines Körpers mit dem willkommenen Gefühl der vertrauten Laken in Berührung kam. Als er sich wieder auf der Matratze entspannte, war sein erster Gedanke, daß Danny nicht bei ihm war.

Rasch setzte er sich auf und zwang sich, sich zu entspannen. Er hatte es kaum getan, da hörte er seinen Freund in der Küche herumrumoren. Er war so viele Nächte lang ohne Danny in Europa gewesen, daß Alex einen Moment lang gedacht hatte, er träume vielleicht nur, daß er zurück in New Hampshire sei.

Er glaubte nicht, daß er mit dem Kummer zurande gekommen wäre, wenn es gestimmt hätte. Die Last, alleine so weit weg zu sein, war drückender gewesen, als er es für möglich gehalten hätte. In den vergangenen letzen Jahren waren die beiden kaum je getrennt gewesen. Wie wichtig ihr Zusammensein gewesen war, wurde Kane nun mehr als nur flüchtig klar.

Er hatte Lust, aufzustehen und nach unten zu stürzen, um seinen Geliebten festzuhalten und zu umarmen. Aber er wußte, was Danny im Augenblick vorhatte. Danny liebte die kleinen Rituale des Zusammenlebens, die kleinen Geschenke, die ineinander verliebte Hausgenossen sich machen können. Der feine Duft brutzelnden Specks und frischgebrühten Kaffees kam über die Treppe nach oben, und Kane wußte, daß ein Frühstück im Bett ihn erwartete.

Er drehte sich auf die Seite und lächelte in sich hinein. Das war es, was das Leben lebenswert machte. Das und die flehentliche Erektion, die an den Laken scheuerte, wo Danny in der letzten Nacht geschlafen hatte. Er legte den Kopf auf Dannys Kissen und sog die Düfte ein, die zurückgeblieben waren. Sie waren so eindeutig von Danny. Es war das beste Parfüm, das Kane je kennengelernt hatte.

Jeder Zentimeter seines Körpers sehnte sich danach, einfach weiter den Kopf hier vergraben zu lassen, den steifen Schwanz in die Hand zu nehmen und zum geistigen Bild von Danny zu wichsen. Aber er schüttelte den Drang ab. Warum das, wenn das Original direkt einen Stock tiefer war?

Wenige Minuten darauf brachte Danny das Tablett nach oben. Es war beladen mit Eiern, Fleisch, Brötchen und Orangensaft sowie einer Tasse Kaffee. Wohl kaum das beste Trainingsfrühstück, aber es gab etwas zu feiern, und Alex hatte nicht die Absicht, auf etwas zu bestehen, was dem in die Quere kam.

Einige Dinge gab es jedoch, die jeder Mahlzeit in die Quere gekommen wären. Alex Schwanz war nicht im mindesten schlaff geworden. Als Danny sein Tablett abstellte und zurücktrat, stand sein ganzer nackter Leib zu Alex' Inspektion bereit. Da war die leichte Decke von Haaren über der strammen Brust und die sehnigen, muskulösen Oberschenkel, von denen Alex so oft geträumt hatte. Und natürlich war da Dannys eigener Schwanz, der über seinen pelzbedeckten Eiern hing.

»Wie wär's mit einem Appetithappen?« fragte Alex spielerisch.

»Was, und das alles kalt werden lassen?« antwortete Danny ebenso schelmisch.

»Glaub mir, hier gibt's nicht viel, was kalt werden könnte – nicht so wie ich drauf bin.«

»Gut. Dann können wir uns ja zuerst dem Frühstück widmen«, erwiderte Danny. Er nahm ein Stück Toast und schob es zum Scherz Alex in den Mund.

»Seit wann stehst du auf SM?« murmelte Alex, während er sich aufsetzte und sich in das offensichtliche Schicksal, daß zuerst gegessen wurde, schickte.

»Tu ich gar nicht« antwortete Danny. »Ich bin nur um deine Gesundheit besorgt. Ich trau dir nicht, daß du genug ißt, wenn du nicht zu Hause bist.«

»Toll, genau was mir fehlt, eine Diätschwester.« Alex mochte verärgert wirken, machte sich jedoch ungeachtet der Beule unter seinem Laken mit Appetit über die Eier und den Speck auf seinem Teller her.

Danny streckte die Hand aus und tätschelte den steifen Fleischbrocken, der gegen die Baumwolldecke drückte. »Keine Angst, du hast nicht nur eine Diätschwester. Ich bin ein Renaissancemensch mit vielen Talenten. Ich beweise dir's, wenn du mit essen fertig bist.«

Alex tat, als beeile er sich noch mehr, um das Frühstück zu vertilgen.

Dannys fröhliche Laune verflog jedoch. Es ging ihm etwas durch den Kopf, worüber er sprechen wollte. »Alex, was hältst du von der ganzen Geschichte? Den Entführern und allem?«

Kane machte langsamer. Er schaute Danny jetzt mit ernster Miene an.

»Es ist so schlimm wie das Schlimmste, was wir erlebt haben. Es stimmt, was Farmdale sagte. Aber es gibt noch etwas, das diese Typen in Lichtburg sagten. Sie suchen nach einer verletzlichen Stelle in der Gesellschaft, okay. Aber die Sache ist die, sie benutzen uns – uns Schwule – an sie ranzukommen. Ich glaube nicht, daß Farmdale das schon begriffen hat.

Du weißt ja, wie alles wegen AIDS verrückt spielt. Eines, was sie tun, ist, zu sagen, daß die Schwulen daran schuld sind. Anstatt zu begreifen, daß wir die Opfer sind – diejenigen, die das Unglück hatten, von dem Virus als erste erwischt zu werden –, glauben sie, wir produzieren es. Das paßt zu ihrem ganzen Quatsch vom Fluch des Sex und der Angst, bestimmte Arten von Sex könnten wirklich Krankheiten hervorrufen.

Na, und was, wenn diese rechtsradikalen Arschlöcher die Leute überzeugen können, daß die Schwulen das Reisen unsicher machen? Was, wenn es unsere Schuld ist, wenn so viele Flugzeuge entführt werden? Wenn die Leute Angst bekommen, fangen sie an, lauter Unsinn zu denken. Der Drang zu überleben ist wichtiger als alles sonst, was sie fühlen.«

»Und wenn Farmdales Theorien über die Bedeutung des Handels richtig sind –«, fuhr Danny fort.

»Und was, wenn sie sich weigern, mit einem von uns im selben Flugzeug zu fliegen? Was, wenn sie nur in einen Flieger steigen, wenn sie wissen, daß der Pilot und die Stewards und alle anderen zweifelsfrei hetero sind?«

Danny stellte seinen Teller beiseite. Er hatte zu Ende gefrühstückt. Er nahm auch Alex' Teller und stellte sie neben das Tablett und die übrigen Speisen und Gewürze auf den Tisch neben ihrem Bett. Dann legte er den Kopf auf Alex' Brust. Eine Hand bewegte sich über Alex' unbehaarten Bauch. Sie machte nicht beim Laken halt, sondern ging weiter. Dannys Finger spürten den harten, festen Muskeln auf dem Bauch seines Geliebten nach, bis er unvermittelt an den dicken Busch aus Schamhaaren kam.

Das Gespräch war das einzige gewesen, das Alex' Erektion schließlich verscheucht hatte. Sobald Dannys Hand jedoch die vertraute Haut streifte, begann sie sich wieder zu erholen.

Es belustigte Danny immer, daß so viele glaubten, Alex sei ein solch fuchterregender, gewalttätiger Mann. Hier im Bett war er ein warmherziger und rücksichtsvoller Liebhaber. Wie hatten seine Freunde in Texas ihn noch genannt? Vanille. Zuerst hatte Danny gedacht, sie meinten nur die lockere Art, auf die Alex Kane und Danny Fortelli sich liebten.

Vanille. Es erinnerte Danny an Eiskrem und Milchshakes. Mit einem Lächeln auf dem Gesicht, beschloß er, von diesen Dingen nicht nur zu träumen. Er sollte sich selbst an die Sache machen.

Langsam und erotisch ließ Danny seinen Kopf sich auf den Weg nach unten über die wundervolle Brust und den Bauch seines Geliebten machen, bis seine Lippen den wieder steifen Schwanz von Alex Kane berührten.

IX

»Marco, Chicago ist nur ein paar hundert Meilen entfernt, und du bist nur übers Wochenende weg. Wofür brauchst du den ganzen Mist?«

Die beiden Koffer, die Charlie schleppte, erschienen ihm schwer genug, um diese Fahrt zum Philadelphia International Airport als Trainingsrunde gelten zu lassen. Sie waren auf dem Weg ins Terminal, als Marco seine Antwort zurückblaffte: »Ich brauche Abendkleidung für das Bankett, einen Frack für das erste Konzert, Cowboyoutfit für das zweite – das Thema heißt Western. Dann das Lederzeug für die Bars, Alltagskleidung für das Hotel, einen Anzug für das Restaurant –«

»Untersteh dich bloß nicht, auch nur ein Wort über typische Schwuchteln zu sagen«, knurrte Charlie Tom an, als er die Koffer vor dem Ticketschalter fallen ließ.

Sein Lover starrte ihn fragend an. Er hatte keine Ahnung, worüber Charlie redete. Er stand einfach an der Stelle, wo ihm gesagt worden war, er solle seine Freunde treffen. Eine Spätkonferenz in der Schule hatte ihn daran gehindert, die ganze Fahrt in die Stadt zu machen, um Marco abzuholen und ihn hierher zu bringen.

Dann wurde Tom klar, worum es gehen mußte. Charlie rieb seinen Oberarm, um den Kreislauf wieder in Gang zu bringen. »Wir mußten meilenweit entfernt parken, und ich mußte mich mit dem ganzen Zeug hier abschleppen.«

»Das ist nicht fair!« protestierte Marco. »Ich hab dir gesagt, ich bezahl einen Träger.«

»Das kam mir ziemlich blöd vor, wo es doch heißt, daß ich so ein Kraftprotz bin, daß ich –«

»Hey, hey«, versuchte Tom Charlie zu besänftigen. »Sieht

dir gar nicht ähnlich, dich so aufzuregen. Ist schon gut. Es gibt doch kein Problem.«

Es gab wirklich keines. Charlie hatte den einfachen Vorgang, ihren Freund zum Flughafen zu bringen, dermaßen mit Bedeutung aufgeladen, daß er einfach nur zu nervös war. Tom musterte den anderen großen Bodybuilder, der jetzt so ängstlich vor ihm stand wie ein Teenager bei seinem ersten Date, und erneut mußte er erkennen, wie sehr seine eigenen Ängste die Dinge zwischen ihnen vergiftet hatten.

Diese Ängste waren real – ganz besonders für einen schwarzen Lehrer wie Tom, dem in seinem Beruf von Anfang an eine Menge Widrigkeiten entgegengestanden hatten. Aber der Preis war ebenso real. Charlie war einer der unkompliziertesten Menschen, die Tom je getroffen hatte. Das war eines der Dinge, die ihn angezogen hatte, als sie sich kennenlernten. Anders als die meisten anderen im Bereich Bodybuilding empfand Charlie nicht besonders viel Konkurrenz gegen andere. Zu der ganzen Sache war er eigentlich als Gewichtheber gekommen.

Angefangen hatte er wegen seiner Footballkarriere in Temple. Charlie war ein guter Quarterback, war aber anfangs zu schmal für Football auf hohem Niveau gewesen. Er hatte mit den Gewichten angefangen, um bei der Figur etwas zuzulegen. Daß er sich einen fabelhaften Körper antrainierte, war ihm gar nicht bewußt gewesen. Es war einfach etwas, das ihm Freude machte. An den Wettbewerben hatte er anfangs nur zum Spaß teilgenommen.

Football gefiel ihm viel besser. Nichts machte ihm so viel Vergnügen wie das Spiel. Am College war es für Tom vollkommen sicher gewesen, seinem neuen Freund beim Spielen zuzuschauen. Wer würde schon jemanden, der für die Footballmannschaft eines Colleges antrat, eine Schwuchtel nennen, und wer würde es hinterfragen, daß sein Trainingspartner sich seine Spiele anschaute?

Als Tom entdeckt hatte, daß Charlie ebenso wie er den Gedanken hegte, Kinder zu unterrichten, erkannte er, daß hier jemand war, mit dem er sein Leben in einer Beziehung verbringen konnte, die auf viel mehr aufgebaut war als auf Sex.

Die letzten Jahre jedoch hatten bei Charlie ihre Spuren hinterlassen. Tom konnte inzwischen zurückblicken und die Anzeichen sehen, selbst wenn er damals nicht in der Lage gewesen war, sie zu deuten. Schon daß der Junge jedes Fitzelchen Literatur über Schwulsein und schwule Politik, das es gab, verschlang. Die Besessenheit, mit der er auf jeden Film mit schwuler Thematik im Fernsehen reagierte. Charlie war wie ein vernachlässigtes Kind, das den Leuten nachschaute, die alles hatten, was es in seiner Welt nicht gab und sie sich aus zweiter Hand verschaffen mußte, weil es sie nicht selbst ausleben konnte.

Es war das gleiche wie die Enttäuschung darüber, nie ins professionelle Football gekommen zu sein. Diese Welt war für Charlie zu hart, und das hatten sie beide gewußt. Nach dem Abschluß wollte er wirklich Lehrer werden und war realistisch genug, zu erkennen, daß seine Chancen, Berufsspieler zu werden, mager waren. Charlie kam leicht und ohne emotionalen Knacks über den Karrierewechsel hinweg. Die einzige andere Sache, die Charlie sich von seinem Leben erhofft hatte, war wahrscheinlich ein Sieg über Penn State gewesen. Einmal war er nahe herangekommen; Tom erinnerte sich gut an das Spiel. Aber er hatte nicht gewonnen. Tom konnte an diesem Kapitel im Leben seines Freundes nichts ändern. Aber, so fragte er sich, wollte er wirklich die Ursache für eine solche Frustration in einem noch viel wichtigeren Stadium sein?

Sie brachten Marcos Einchecken hinter sich, und Tom dachte weiter über die merkwürdige Lage nach, in die sie sich hineinmanövriert hatten. Er wünschte sich, er hätte andere Lehrer gehabt, mit denen er reden könnte – vor allem schwarze. Vielleicht hätte er mit ihnen einige ihrer Erfahrungen austauschen und über mögliche Lösungen sprechen können. Das war eines von Toms großen Problemen: er wußte nicht, welche Lösungsmöglichkeiten er hatte. Er hatte keine Ahnung, was passieren würde, wenn er das eine oder das andere Risiko einging. Er hatte kein Rollenvorbild ... Tom blieb auf dem Förderband, das zu Marcos Gate führte, wie angewurzelt stehen.

»Stimmt was nicht?« Charlie war zu Tom zurückgekommen und schaute seinen Freund besorgt an.

»Schon gut, schon gut«, winkte Tom Charlies Besorgnis ab. »Nur ein bißchen Sodbrennen.« Die drei gingen weiter. Es war nur ein bißchen Sodbrennen. Tom stellte fest, daß er nicht gelogen hatte. Es war ein Brennen, das aufgeflammt war, als ihm klar geworden war, daß er einen solch hohen moralischen Maßstab bei sich genau darum anlegte, weil er ein Rollenvorbild für seine Kinder war. Außer in dieser einen ganz besonderen Hinsicht. Immer wenn er daran dachte, sich beim Training hängenzulassen oder seine Unterrichtsvorbereitungen lässiger anzugehen, rief er sich zur Ordnung, indem er sich daran erinnerte, wie wichtig es für die Kinder war, einen schwarzen Sportler und Lehrer vor sich zu sehen, der keine Flasche war.

Es war endlich in seinen Schädel gedrungen, daß es vielleicht etwas anderes sein könnte, wenn sie auch sahen, daß er ein schwuler Lehrer war, der dennoch außerdem ein moralischer, lebendiger Mensch war. Wenn er die Rolle nicht übernahm, war es seine eigene Schuld, wenn die Medien sich immer wieder an andere Typen hielten, die stets die Aufmerksamkeit auf sich zogen.

Während sie sich dem Gate näherten, dachte Tom über all das nach. Da stellte er plötzlich fest, daß Charlie plötzlich stocksteif stehengeblieben war. Er folgte dem Gesichtsausdruck seines Freundes und verstand plötzlich, warum.

Der da stand und gerade dem Angestellten sein Ticket gab, um einen Sitz und die Bordkarte zu bekommen, war Terry Draper. Daneben stand sein 'Lover' Andrew. Toms sämtliche andere Gedanken waren bei ihrem Anblick wie weggewischt. Das war etwas, das in seiner Klasse definitiv nie vorkommen würde. Nie!

Tom stieß Charlie an, weiterzugehen – und um ihm verstehen zu geben, daß er keine Szene machen würde. Das hatte er noch nie gemacht und es war nicht seine Art, schon gar nicht an einem öffentlichen Ort wie einem Flughafen.

Tom und Charlie richteten ihre Aufmerksamkeit auf Marco. Terry und Andrew befanden sich am anderen Ende des Wartebereichs, und es bestand für die Männer kein Anlaß, ihre Pfade zu kreuzen. Endlich wurde der Charterflug nach Chicago aufgerufen.

Als Marco sicher an Bord und der Bereich so gut wie leer war, stellte Tom fest, daß Andrew noch da war. Er hatte angenommen, der Junge würde zusammen mit den anderen fliegen. Dem war offensichtlich nicht so. Er wunderte sich darüber, hatte aber nicht die Absicht, nachzufragen.

Charlie hatte darauf bestanden, sich den Start des Flugzeugs anzusehen. Er war selbst wie ein Kind. Sie standen an der deckenhohen Scheibe, als der Flieger vom Terminal ablegte und in einer Reihe mit anderen bis ans Ende der Rollbahn fuhr. Charlie hatte Flugzeuge schon immer geliebt und genoß jede Fahrt zum Flughafen, die ihm einen Vorwand verschaffte, sie anzuschauen; der Anblick war, wie er immer behauptete, einer der Schönheiten des modernen Zeitalters. Tom hatte nicht die Absicht, ihn um ein so harmloses Vergnügen zu bringen.

Als der Flug des schwulen Chores zum Abheben bereit war, bemerkte Tom, daß Andrew in ihre Nähe gekommen war. Von ihrem Standpunkt aus hatte man den günstigsten Ausblick auf die Maschine. Diese rollte los über die Startbahn und gewann immer mehr an Tempo. Dann hörte Tom Andrew etwas sagen. Er sprach nicht mit irgend jemandem, er traf eine inbrünstige Feststellung, die so aufrichtig und eindringlich war, daß es ihm wahrscheinlich nicht einmal bewußt wurde, daß jemand ihn hören konnte.

»Gott sei Dank ist er weg!«

Tom hatte keine Zeit, um herauszufinden, was er eigentlich meinte. Das Flugzeug stürmte jetzt voran und war dabei, vom Boden abzuheben. Sein Fahrwerk wurde eingefahren und ...

Als sie später endlich darüber sprechen konnten, bemerkten beide, das Merkwürdigste sei gewesen, daß es überhaupt kein Geräusch gegeben habe. Die Entfernung und das dicke Glas im Flughafen hatten es verschluckt. Bewußt waren sie sich nur des plötzlichen hellen Lichts. Es hatte sie fast geblendet. Schon nach einer einzigen Sekunde – vielleicht schon früher – war an der Stelle, wo der Lichtblitz gewesen war, eine riesige, sich aufblähende Qualmwolke. Dann waren da nur noch winzige Trümmerstücke, die in obszöner Langsamkeit zu Boden sanken, als einziges Anzeichen, daß Flug 551 nach O'Hare je existiert hatte.

»Das hab ich gemacht.« Andrew wich von der Scheibe zurück, sobald er in der Lage war, die Tragödie zu begreifen, deren Zeuge er eben geworden war. »Das muß meine Schuld sein.«

Tom starrte den Jugendlichen an. Er stand offenkundig unter Schock. Tom verstand das nur allzu gut. Am liebsten wäre er jetzt selbst auf und davon gerannt.

»Halt's Maul, Andrew«, sagte er. Er ging zu dem Halbwüchsigen. Ihm schwirrte selbst der Kopf von der schrecklichen Szene der Zerstörung, die er gerade gesehen hatte. Aber die Leute im Flugzeug – was hatten sie empfunden? Nichts, wurde ihm klar. Sie hatten nicht die Gelegenheit, auch nur zu bemerken, was passierte. Tom legte Andrew einen Arm um die Schultern, froh, daß er sich um dieses unmittelbare Problem zu kümmern hatte und um die Ausflucht, die es ihm verschaffte.

»Andrew, du hast gar nichts gemacht. Hör auf zu reden. Es könnte dich jemand hören und es mißverstehen. Es muß ein Unglück gewesen sein. Wie hättest du es denn tun sollen?«

»Ich wollte, daß er stirbt.« Der junge sprach mit fester Stimme. »Ich wollte, daß er stirbt, und jetzt ist es wahrgeworden. Oh mein Gott, ich habe ihn und alle anderen umgebracht.«

Tom mußte seine Gedanken unter Kontrolle bekommen. Über die Lautsprecher war eine Stimme zu hören, die in Codeworten sprach. Die ruhigen weiblichen Laute waren offensichtlich Aufforderungen an das Flughafenpersonal, sich zu den Notstationen zu begeben. Leute irrten wie Wahnsinnige durch die Flure des Gebäudes. Um das Gate herum standen schreiende und weinende Menschen – diejenigen, die zurückgeblieben waren, um Freunde und Verwandte an Bord des Fluges nach Chicago gehen zu sehen.

Charlie stand einfach nur erstarrt da, während er die Szene auf der Rollbahn beobachtete. Feuerwehrfahrzeuge eilten auf das Wrack zu. Tom spürte, wie ihn die Beherrschung, über die er noch verfügte, im Stich ließ. Sie mußten hier raus. Es war Zeitverschwendung, den vergeblichen Versuchen, die offenkundig verlorenen Passagiere zu retten, zuzuschauen.

»Marco«, flüsterte Charlie. »Wie konnte das jemandem wie Marco zustoßen?«

»Bitte, Charlie, bleib ruhig. Versuch's, Baby, versuch's einfach. Komm, wir gehen.« Er nahm Charlie und Andrew bei den Armen und führte sie durch die langen Korridore des Flughafens.

»Laß uns heimgehen. Wir wollen uns ein bißchen beruhigen, und dann sprechen wir darüber. Sagt jetzt beide nichts.

Auf uns wartet jetzt eine Menge Arbeit, und wir müssen klaren Kopf bewahren.«

X

Danny hatte begonnen, für beide zu packen, noch ehe der Anruf beendet war. Für ihn hatte es keinen Zweifel gegeben, um was es ging. Die Art, wie Alex' Haltung steif geworden war, während er mit Farmdale sprach, sagte ihm alles. Alex begriff, was vor sich ging, als er das Zimmer betrat. Er fing einfach an, Danny zu helfen.

»Sie haben ein Flugzeug in Philadelphia erwischt«, sagte er. »An Bord war eine schwule Gruppe. Sie sind alle tot. Sie haben genug Sprengstoff verwendet, um eine Transportmaschine in die Luft zu jagen. Von den Passagieren sind kaum Stücke übriggeblieben, die groß genug sind, um sie zu identifizieren. Die Behörden sagen, es sei ein Unfall gewesen. Sie haben Angst. Und das mit Recht.«

Danny schloß einen der Koffer. »Irgendwelche Hinweise?«

»Keine. Kein einziger verfluchter. Vielleicht gibt es in ganz Pennsylvania keinen. Vielleicht ist es zwecklos. Aber das ist alles, was wir im Moment haben. Ich kann nicht hier in den Bergen rumsitzen und abwarten. Ich muß dort sein.«

»Klar.«

Der letzte Koffer war geschlossen, und sie trugen sie nach unten zum Auto. Zu dem Privatflugplatz waren es nur ein paar Meilen. Touristen die vorbeikamen, nahmen an, es sei einfach so eine kleine Landebahn für Rundflüge. Die Einheimischen wußten es besser. Der Leiter gestattete nur wenigen – fast nur ständige Einwohner der Stadt – die Allwetteranlage zu benutzen. Es war eine gute Tarnung, wenn für Passanten ein paar normale Maschinen zu sehen waren; selten nur bemerkte einer, wie ungewöhnlich lang die Rollbahn war.

Was wie ein ländlicher Flugplatz aussah – einer von Dutzenden, wo kleine Cessnas und Beechcrafts starten und landen können –, war indessen zu weit mehr in der Lage. Alex schaute auf die Uhr, nachdem sie kurze Zeit gewartet hatten. Offenbar vertraute er auf die pünktliche Ankunft des Piloten. Nach wenigen Sekunden konnten sie das Geräusch der Düsenmotoren über den Wolken hören. Dann brach die DC-9 bei ihrem Anflug auf den Platz durch sie hindurch.

Der Jet landete so sanft wie immer. Die Maschinen stoppten, und als das Flugzeug langsam genug war, rollte es auf den Hangar zu. Sobald die DC-9 stand und die Gangway ausgefahren war, nahmen Alex und Danny ihr Gepäck auf und stiegen ein.

Sie wurden von ihren alten Freunden Mike Anderson und Tim Ranson erwartet. Die beiden Piloten aus Minneapolis schüttelten ihnen die Hände und brachten sie zu ihren Plätzen. Die Männer wußten, daß für einen Plausch keine Zeit war. Immer wenn der rote Alarm kam, um ihnen anzuzeigen, daß ein Eilflug nach New Hampshire anstand, war Small Talk nicht angesagt. Sie würden einen anderen Flug abwarten müssen, um sich mit Alex und Danny zum Essen und Quatschen hinsetzen zu können.

»Bis Philadelphia Airport sind es etwa eineinhalb Stunden. Keine Turbulenzen, keine Probleme. Als wir letztens dort waren, gab es auch keine Verzögerung beim Landen. Zum Essen seid ihr in Center City.«

»Danke«, sagte Danny zu Tim.

Alex sagte nichts. Er blätterte bereits in dem roten Lederband, der im Flugzeug auf sie gewartet hatte. Er war weitaus dünner als gewöhnlich; Farmdales Informationsabteilung war nicht so erfolgreich gewesen, wie sie es zuweilen sein konnte. Nach kurzem Überfliegen hatte Alex festgestellt, daß es nicht viele Anhaltspunkte gab.

Den Flug legten sie schweigend zurück. Der Zugriff auf

ein Privatflugzeug war nur einer der vielen Vorteile, über die Alex und Danny verfügten. Aber diesmal würden ihnen alle Hightech-Geräte, die es für Geld gab, nichts helfen.

Sie verabschiedeten sich rasch von den Piloten, nachdem sie in Philadelphia gelandet waren und nahmen ihre Koffer. Vor dem Butler Aviation Terminal wartete ein Wagen auf sie. Alex und Danny stiegen in das Mercedescoupé und folgten den Straßenschildern nach Center City, Philadelphia.

»Schätze, wir sollten nach Minneapolis zurückfliegen«, sagte Tim zu Mike, als sie wieder in ihren Sitzen im Cockpit saßen.

»Hm, ja, denk schon.« In Mikes Stimme lag ein deutlicher Ton von Unentschlossenheit.

»An was denkst du?« fragte Tim.

»Tja, weißt du, unbedingt sofort müssen wir ja eigentlich nicht zurück.«

»Willst du etwa in Philly bleiben?«

»Nein, das nicht.«

»Na, was dann?«

»Ach nur, na ja, das hier heißt doch Cockpit, und trotzdem haben wir's noch nie hier getrieben. Ich nehm an, ich bin nur 'n bißchen –«

»Geil? Schon wieder? Jesus Christus, Mike, hörst du eigentlich nie auf?«

»Soll ich?«

»Um Himmels Willen, nein!«

Das Cockpit war zum Aufstehen zu niedrig. Tim streckte einfach die Hand aus und packte eine Handvoll Fleisch. Er spürte, wie Mikes Schwanz unter der Berührung steif wurde.

»Du bist wirklich geil, was mein Freund?«

»Ich bin nicht einfach nur geil, ich hab's nötig.«

»Dann tu ich besser was, um dir zu helfen, glaub ich.«

Tim zog den Reißverschluß an Mikes Hose herunter und zerrte die Unterhose nach unten. Mikes steifer Schwanz ragte kerzengerade aus dem Schlitz.

»Schau mal, was ich gefunden hab«, sagte Tim anzüglich. Er beugte sich hinüber und nahm die steife Rute in den Mund. Mike stöhnte vor Lust, als er spürte, daß der heiße Mund sich über ihm schloß. In seinem Sitz konnte er sich kaum bewegen und überließ Tim die Arbeit, der seinen Kopf in Mikes Schoß auf und ab bewegte, und Mikes Ständer zwang, auf jeden Zungenschlag und jedes Saugen mit Zucken zu reagieren.

Es dauerte nicht lange, bis Mike in einem Orgasmus explodierte. Er pumpte weiter in den Mund seines Freundes, während das Sperma aus ihm herausschoß.

»Dank dir, Mann«, sagte Mike schließlich. Tim stand auf und wischte sich die Lippen sauber. So unvorsichtig hätten sie es eigentlich nicht gemacht, aber vor Jahren hatten sie die Abmachung getroffen, monogam zu bleiben. Sie vertrauten darauf, daß es untereinander sicher war.

»Willst'e dich nicht revanchieren?« fragte Tim.

»Erwartest du das wirklich von mir?« zog Mike ihn auf. »Hier, quasi in aller Öffentlichkeit? Ich dachte, du bist der professionelle Homo; von dir erwartet man sowas, nicht von mir.«

»Scheiß drauf«, ging Tim auf Mikes Gezeter ein. Er griff nach unten, zog seinen Schlitz auf und holte seinen eigenen Ständer heraus. »Hier wird kein Motor angestellt, bis du mir ordentlich einen geblasen hast, Kumpel. Du hast doch damit angefangen.«

»Sieht aus, als wär da doch schon 'n Motor an«, antwortete Mike. Aber die Scherze hatten ein Ende. Obwohl er gerade erst gekommen war, genügte der Anblick des steifen

Schwengels seines Lovers, um Mike den Mund wässrig zu machen. Dem hatte er nichts entgegenzusetzen; noch nie, seit sie sich zusammengetan hatten.

Mike beugte sich herüber und nahm den langen, seidigen Schwanz in den Mund. Es war ein langer Tag gewesen, und sie hatten stundenlang in ihren Sicherheitsgurten eingeschnürt gesessen. In Tims Unterhose hatte sich der Schweiß gesammelt, und nun konnte Mike das wundervolle Aroma des Körpers seines Liebhabers genießen, während er seine Nase in dessen Schamhaaren vergrub.

Mike machte sich an die Arbeit und saugte und leckte mindestens ebenso gut, wie Tim es bei ihm getan hatte. Tim war abschußbereit, und es dauerte nicht lange, bis Mike Tims wundervoll würzige Lusttropfen schmecken konnte, die ihm in den Mund rannen. Er wußte, bald würde er sich an Tims vollem Spermavorrat gütlich tun können. Er hatte recht. Nach nur wenigen Augenblicken strömte heiße Flüssigkeit in Mikes Mund. Sie kam so überreich, daß Mike ihrer kaum Herr wurde; fast hätte er einen Teil der Ladung danebenfließen lassen müssen. Er war fast so stolz wie ein Schuljunge, daß er alles bewältigt hatte, als Tims Schwanz versiegte.

»Keine üble Unterbrechung der Routine, weißt du?« sagte Mike, während er und Tom ihre Klamotten wieder in Ordnung brachten, ihre Hemden zurückstopften und die Unterwäsche und die Hosen richteten.

»Auf jeden Fall besser, als für 'ne Fluggesellschaft zu arbeiten. Man muß nur dran denken, daß wir uns jetzt wahrscheinlich vor den Stewardessen verstecken müßten.«

Sie lachten und fingen an, das Flugzeug für den Start vorzubereiten.

Alex und Danny wohnten im Four Seasons. »Allmählich nervt mich das«, beschwerte sich Alex, als sie das Luxushotel betraten.

Danny versuchte, ihn zu besänftigen. »Du weißt doch genau, daß das passiert, wenn du ihm die Reservierung überläßt.« Das Four Seasons war das feudalste Luxushotel der Stadt. Es war neu, wenngleich nicht so protzig, wie solche Häuser sein konnten. Es war typisch für das, was Farmdale für einen dem Paar angemessener Ort hielt, um des nachts ihre Köpfe zu betten.

Sie checkten ein und gingen auf ihr Zimmer. Der Anruf und die Reise hatten ihren Tagesablauf gestört. Sie hatten ihr übliches Training nicht absolviert. Sogar daran hatte Farmdale gedacht. Es wartete eine Nachricht auf sie, daß ihnen im Delaware Club Gastprivilegien eingeräumt wurden.

Den Wagen hatten sie schon geparkt. Anstatt ihn wieder zu holen und durch die unbekannten Straßen von Philadelphia zu kurven, nahmen sie ein Taxi und fuhren zu der Adresse in Social Hill, die ihnen genannt worden war.

Der Delaware Club war einer der privaten Herrenclubs, die im letzten Jahrhundert als Symbol für die Erhabenheit ihrer Mitglieder über den Rest der Gesellschaft entstanden waren. In jüngerer Zeit war es ein Zufluchtsort geworden, wo der nunmehr brüchige und anachronistische Status seiner Mitglieder etwas war, zu dem sie sich bekennen konnten – zumindest untereinander.

Der Club hatte als Sportverein begonnen. Um diesen Vorwand aufrechterhalten zu können, beherbergte er eine wundervolle Turnhalle. Diese wurde jedoch kaum von den Mitgliedern genutzt, die bei ihrem Eintritt gut in den Fünfzigern waren, wenn es sich nicht um die Söhne von Mitgliedern handelte, eine Gruppe von Erben, deren hauptsächliche sportliche Aktivität im Konsum von Kokain lag.

Alex und Danny hatten die ganze Halle für sich. Sie schlüpften in ihre Jockstraps und die Sportshorts, die sie zu Hause weggelassen hätten, und nachdem sie Laufschuhe angezogen hatten, betraten sie den Übungsboden.

»Nicht die leichte Tour«, sagte Alex.

»So frustriert?« fragte Danny.

»Ja, So frustriert und so sauer.«

»Na, dann los.« Ohne weitere Warnung nahm Danny Kampfstellung ein. Alex hatte kaum Zeit, sich bereit zu machen, bevor die Füße des jungen Turners nur wenige Zentimeter an seinem Kopf vorbeischossen.

Das körperliche Training bestand für die beiden Freunde meist aus sorgfältigen und liebevollen Synchronstudien. Ihre gemeinsamen Übungen waren ein Ballett der Leiber, das es ihnen ermöglichte, ihre Körper einander auf die größtmöglich anmutige, fließende Art vorzuführen. Aber manchmal, wenn der Druck ihrer Arbeit sich zu sehr aufgestaut hatte, mußten sie sich auf einem anderen Aktionsniveau bewegen, um ihre Spannungen zu lösen. Dies war so ein Abend.

Sie kämpften mit größerer Verbissenheit als üblich. Es war eine Mischung aus verschiedenen asiatischen Kampfkünsten, bei der sie die Füße einsetzen konnten – zu Dannys großem Vorteil. Sie beruhte weniger auf roher Kraft als auf scharfen, genauen Bewegungen. Es war ein erschöpfender Kampf zwischen zwei Gegnern, die sich nahezu ebenbürtig waren.

Sie waren sehr daran gewöhnt, zusammenzuarbeiten, im Ring ebenso wie auf dem Schlachtfeld. Sie waren wunderbar anzuschauen bei diesen Gelegenheiten. Die Besucher in den

Sporthallen waren oft hingerissen vom Anblick maskuliner Schönheit, den die beiden boten, wenn sie zusammen waren. Dann herrschte völliger Einklang zwischen ihren Bewegungen und ihren Körpern – sowohl im Ganzen wie auch in den einzelnen Teilen.

Dann aber mußten sie sich und ihre Geschicklichkeit zu einem Höchstgrad aufschwingen, und das allerwirksamste Training war, gegeneinander zu kämpfen. Vor nicht allzu langer Zeit, wäre das noch ein ungleicher Kampf gewesen, da Danny, obwohl er jahrelang Turner gewesen war, nie einen Kampfsport ausgeübt hatte. Aber er hatte eine Menge gelernt – und zwar sehr schnell. Nun konnte er gelegentlich Alex Paroli bieten.

Sie bewegten sich mit wilder Intensität über die Matten. Ihre Arme und Beine schnellten auf den anderen zu. Es schien, als könne keiner einen entscheidenden Griff ansetzen oder einen nachhaltigen Schlag landen. Ihre Beine beugten, ihre Arme hoben sich in Verteidigungsposition, und ihre Konzentration war so völlig auf den Kampf gerichtet, daß sie bald heftig schwitzten.

Alex' Leib triefte vor Schweiß. Er rann in Bächen herab, die sich teilten und über die scharfen Kanten seines überaus muskulösen Oberkörpers geleitet wurden. Seine weiße Haut und das beinahe völlige Fehlen von Körperbehaarung waren Gründe dafür, daß Zuschauer so oft den Eindruck hatten, er gliche einer Statue – er erinnerte sie an eine antike griechische Skulptur. Es mußte wohl einer der Götter sein, an die er sie gemahnte; Alex' körperliche Vollkommenheit wurde von gewöhnlichen Sterblichen nur selten erreicht.

Als Danny so umhertanzte und die Schläge ihres Kampfes landete oder ihnen auswich, wurde eine ähnliche Vollkommenheit seines Leibes sichtbar. Er trieb Sport, seitdem er alt genug war, um zu erfassen, welchen Spaß körperliche Anstrengung einem Jugendlichen bereiten konnte. Brust und Bauch waren mit einer dicken Haarmatte bedeckt. Nach kurzer Zeit hatte die Beanspruchung so viel Schweiß hervorgerufen, daß sie an seiner Haut klebte und seine eigenen festen Konturen durchschimmern ließ.

Zwei der älteren Clubmitglieder hielten sich in der Halle auf, während die beiden Männer ihr Training absolvierten. Pomfret Atwater III. bemerkte unwillkürlich, wie gut die beiden Jungspunde gebaut waren. Miles Adams-Smith IV. war sein Partner bei einem nicht allzu aufreibenden Spiel, bei dem sie sich einen Medizinball zuwarfen.

Pomfret schleuderte erneut Miles den Ball entgegen. »Erinnert mich an die Oberschule, findest du nicht?«

Miles fing den Ball mit einem Uff! Auf. »Um uns daran zu erinnern, sind wir viel zu alt.«

Er warf den Ball zu seinem Partner zurück und wurde mit Pomfrets eigenem Ächz! belohnt, als er traf. »Das war noch die gute alte Zeit, die Ballspiele und alles.«

Miles bemühte sich, nicht ein weiteres lautes Grunzen von sich zu geben, als der Ball zurückkam, aber es war vergebens. Er versuchte, nicht auf das Gespräch einzugehen, und der Ball flog zwischen den beiden Männern im Takt der Laute ihrer Anstrengung hin und her.

Alex und Danny hatten begonnen, ihr Tempo zu verlangsamen. Auf ein unausgesprochenes Zeichen hin wechselten sie den Rhythmus. Jetzt fingen sie an, wie es bei ihnen üblicher war, die Bewegungen des anderen eher widerzuspiegeln, als ihnen zu begegnen. Sie setzten zu etwas an, das seltsam an einen erotischen Tanz gemahnte. Sie hatten eine besondere Übung gewählt, die ihnen beiden immer Spaß gemacht hatte, eine Art Tai Chi.

In wunderbar fließenden Bewegungen flogen ihre Beine und danach die Arme durch die Luft. Ihre Blicke waren nun ineinander verschweißt. Sie schienen jedoch beinahe einen Ausgleich für ihren Überschwang im Kampf zu suchen. Statt dessen versuchten sie, herauszufinden, wie eng sie sich miteinander im Einklang bewegen konnten.

»Wie in der Oberschule«, sagte Miles, als er sich jetzt umdrehte und das Paar sah. Aber was hätte je in Groton geschehen können, das dem erotischen Tanz, dessen Zeuge er jetzt war, auch nur nahegekommen wäre? Gewiß, auf dem Footballplatz hatte es auch das eine oder andere gegeben ...

»Erinnert dich das an den Sommer sechsunddreißig?« fragte Pomfret mit stichelndem Unterton.

Miles schaute ihn unverwandt an. Ein Blitz der Erinnerung an vor fünfzig Jahren durchzuckte ihn. »Mein Gott, Pommy, du meinst doch nicht etwa den Sommer, als du und ich ...«

»So ziemlich die beste Zeit, die ich je mit einem Kerl verbracht habe, weißt du.« Als ob er das Gesagte ungeschehen machen wolle, warf Pomfret den Medizinball seinem alten Schulkameraden zu.

Miles fing ihn auf, war aber nicht imstande, ihn zurückzuwerfen. »Wie komisch, daß du das jetzt, soviel später, aufbringst. Verdammt, Pommy, wir sind verheiratet und haben Kinder und Kindeskinder! Wir sind die Pfeiler der Gesellschaft, wir haben eine Position ...«

»Aber das macht alles nicht im mindesten so viel Spaß, wie wir ihn in diesem Sommer hatten.«

Miles mußte gegen seinen Willen grinsen. Als Schuljungen hatten er und Pomfret den Sommer bei einer Familie auf Mount Desert Island in Maine verlebt. So viele Spiele hatten sie gespielt ... So viele! Die Tage hatten sie in den ausgedehnten Wäldern der Insel verbracht und getan, als seien sie wilde Indianer im Lendenschurz, während die Sonne auf sie herunterbrannte und ihre Hautfarbe in eine gesunde Bräune verwandelte, was bei solch behüteten Stadtjungen ungewöhnlich war. Und ebenso wie sie die unbekannte Insel durchstreiften, hatten sie sich selbst und gegenseitig erforscht.

Jetzt drehte sich Miles um, um Danny und Alex erneut zu beobachten. Die beiden waren jetzt zu offener Erotik in ihren Bewegungen übergegangen. Tatsächlich berührten sie sich – vorsichtig, gewiß, die Art jedoch, in der sich ihre Brüste ganz leicht streiften, so daß ihre Brustwarzen sich kaum berührten...

»Das war ein verdammt guter Sommer, Pommy.«

»Je dran gedacht, wieder hinzufahren?«

»Was? Und Indianer spielen, in unserem Alter?« Miles lachte bei dem Gedanken laut auf. Es war jedoch etwas daran, diesen anderen Männern so nahe zu sein und sich an Dinge zu erinnern, die er so sehr lange aus seinen Gedanken verbannt hatte ...

»Etwas spielen könnten wir schon, nehm ich mal an«, sagte Pomfret. »Weiß nicht, ob's unbedingt Indianer sein muß.«

Miles lachte unbekümmert und warf schließlich den Ball zurück, fest genug, um mit einem saftigen, ordentlichen Wumm belohnt zu werden. Eine dumme Idee war das. Andererseits jedoch, für Juli hatte er bisher keine Pläne gemacht. Und es war ein schrecklich schöner Sommer gewesen.

Miles dachte an die Zeit zurück, als die beiden solche festen und jugendlichen Körper besaßen. Pomfrets Bauch war eines von Miles' wertvollsten und ästhetischsten Erlebnisse gewesen. Er erinnerte sich, wie fest er gewesen war und wie der junge Pomfret durch hartnäckiges Training Linien in sein Fleisch gemeißelt hatte.

Diese Linien wären jetzt natürlich nicht mehr vorhanden. Natürlich hätten die Jahre sie ausradiert und alle Straffheit ihrer Leiber von damals geraubt. Sie waren alte Männer; daran war nichts zu deuteln. Und doch, gewisse Dinge gab es ...

Miles erinnerte sich an das erste Mal, da er Pomfrets Schwanz in den Mund genommen hatte. Sie waren im kalten Atlantik vor Bar Harbor schwimmen gewesen. Keiner von ihnen hatte etwas geplant; dessen war er ganz sicher. Aber nachdem sie aus dem Wasser gekommen waren, hatten sie im Sand des einsamen Inselstrandes miteinander gerungen. Sie hatten die Wärme genossen, die ihre Leiber nach dem kalten Wasser abstrahlten.

Irgendwie hatte dann einer dem anderen bei der Rauferei die Badehose heruntergezogen. Dann hatte der andere es genau so gemacht. Sie waren nackt, und das Gefühl ihrer heißen Körper hatte andere Signale ausgesendet.

Miles war der erste gewesen, der ihnen nachgegeben hatte. Er hatte die heiße Berührung von Pomfrets Schwanz am Leib gespürt und unter dem Bann eines Dranges hatte er sich ertappt, daß er das Ding genommen und geschluckt hatte. Es hatte ihn verblüfft, daß der salzige Geschmack des Ozeans nicht verschwand, nachdem er Pomfrets Schwanz mit der Zunge abgewaschen hatte. Er schmeckte immer noch Salz im Aroma des Schwengels, als er ihn im Mund behielt.

Mit einem Mal war Miles von Schuldgefühlen und Furcht gepackt worden. Plötzlich war ihm klar geworden, daß er an Pomfrets Schwanz lutschte. Egal wie gut der schmeckte oder sich anfühlte, wurde ihm bewußt, daß es ihn in große Schwierigkeiten bringen konnte. Was, wenn Pomfret es den anderen Jungen in der Schule erzählte? Was, wenn er Miles' Eltern etwas sagte?

Ehe er das volle Ausmaß der Gefahr, in der er sich befand, erfassen konnte, geschah das Allererstaunlichste. Pomfret hatte sich heruntergebeugt und selbst Miles' Schwanz in den Mund genommen. Die beiden Jünglinge hatten den Weg zu neunundsechzig entdeckt und für sich dieses äußerste Symbol gegenseitiger Leidenschaft erschaffen. Die Furcht löste sich auf, und Miles konnte es wieder genießen, seinen besten Freund im Mund und an seinem Schwanz zu spüren.

Über den Vorfall hatten sie nicht viele Worte verloren. Und Miles war darauf eingestellt, es zu vergessen, es so zu begraben, wie etwas, das an einem Sommertag eben passiert. Aber an diesem Abend war Pomfret in sein Zimmer gekommen und zu ihm unter die Laken geschlüpft.

Die beiden hatten den Rest des Sommers auf diese Weise verbracht, sich gegenseitig an ihren Körpern erfreut und ihr köstliches Geheimnis für sich behalten.

Als der Herbst einsetzte, war es an der Zeit, aufs College zu gehen. Miles ging nach Harvard. Pomfret nach Yale. Keiner von beiden hatte die Absicht, die Beziehung abzubrechen, aber sie waren zu beschäftigt, nachdem sie Collegestudenten geworden waren. Sie verloren sich aus den Augen, und als sie sich schließlich wieder trafen, waren sie solide Mitglieder ihrer Gemeinde.

Sie hatten diese Sommererinnerungen eigentlich nie wieder untereinander erwähnt. Miles dachte, es sei töricht, jetzt noch darauf zurückzukommen, außer in Form eines versteckten Witzes. Sie waren ja so alt! Sie hatten keine wundervollen Körper mehr.

Natürlich, ihre Schwänze wären nicht so sehr gealtert. Und die Hoden wurden, wenn überhaupt, größer und empfindsamer ab einem bestimmten Punkt im Alterungsprozeß. Zu seinem eigenen Entsetzen fing Miles sich zu fragen an, wie Pomfrets Eier sich wohl anfühlen mochten. Und wie würde sein Schwanz sein? Mit einem Mal fiel ihm ein, daß Pomfret nicht beschnitten war. Ob seine Vorhaut vom Alter ausgeleiert war, oder war sie immer noch jener enge Helm aus Fleisch, der seine Eichel in früheren Jahren so exquisit beschirmt hatte?

»Ich glaube tatsächlich, wir müssen miteinander reden, Pomfret.«

Sein Freund hielt den Medizinball einen Moment lang fest, um Miles Gesicht zu studieren. »Meinst du wirklich?« Es gab keinen Zweifel, daß er die Äußerung sehr gut verstanden hatte.

»Ja, meine ich«, antwortete Miles.

»Na, dann sollten wir's vielleicht tun«, sagte Pomfret und schleuderte den Medizinball quer durch den Raum. »Dann sollten wir's einfach tun.«

»Du weißt, daß ich einen Enkel auf der Universität habe, der Mitglied in einer dieser Schwulengruppen ist.«

»Was du nicht sagst.«

»Ja, und immer redet er über Dinge, die wir nicht einmal in den Mund nehmen durften. Meistens find ich's ja recht ermüdend; es ist so lästig, von den Jungen Vorträge gehalten zu bekommen, weißt du. Aber ich dachte mir, das könnte ein Punkt sein, wo der junge Hüpfer recht haben könnte.«

»Ach was, tatsächlich?«

XI

»So ein elendes Schwein«, sagte Tom mit zusammengebissenen Zähnen.

Charlie drehte sich im Bett um und legte ein Bein über den Oberschenkel seines Freundes und einen Arm über seine Brust. Er spürte die Anspannung und Wut, die Tom gepackt hatten. Es wunderte ihn nicht. Er empfand sie selbst.

Nachdem sie Andrew mit nach Hause genommen hatten, hatte der Kleine alles ausgespuckt; die ganze Geschichte kam unter Tränen und Schluchzen ans Tageslicht. Es war der reine Horror gewesen, alles.

Er war in einer Trinkerfamillie groß geworden, mit einem Vater, der ihn regelmäßig verprügelt hatte. Der Vater war überzeugt, die Bibel hätte recht: Wer mit der Rute spart, verdirbt sein Kind. Noch mehr hatte er sich darüber erregt, als er entdeckte, daß Andrew in Sexspielchen mit den Nachbarjungen verwickelt war. Er hatte den Jungen mit der Drohung, ihn zu kastrieren, terrorisiert. Andrew hatte Jahre ohne die Freuden und Spiele der Kindheit verbracht. Unter anderem glaubte sein Vater, daß Aktivitäten nach der Schule den Charakter seines Sohnes verderben würden und verbot Andrew alles, was ihm ermöglicht hätte, einen normalen Freundeskreis aufzubauen.

Terry Draper hatte die Anzeichen erkannt. Er hatte die Bedürfnisse des einsamen Jungen gesehen. Als er auf die Mittelschule kam, war Andrew eine wandelnde Wunde gewesen, und dort wartete Draper auf ihn, um ihm das Blut auszusaugen.

Er hatte dem Kleinen besondere Aufmerksamkeit gewidmet, ihm einen Sinn für seinen Wert vermittelt, den er nie gekannt hatte. Dann hatte er Andrew den Preis für seine ganze

Aufmerksamkeit genannt. Der Junge war auf so viele Arten mißbraucht worden, daß ihm der sexuelle Zwang, den Draper auf ihn ausübte, anfangs gar nicht so schlimm erschien. Schließlich beinhaltete er eine gewisse körperliche Berührung und Zuneigung. Nach der Schule ging der Junge weiterhin zu den Treffen, die Draper arrangiert hatte.

Er war zu jung gewesen, um zu erkennen, was passierte, als Draper ihn nackt fotografierte. Er wußte von Sex zu wenig, um irgend etwas in Frage zu stellen, das Draper verlangte. Wie ein ausgehungerter Flüchtling, der schon um eine verfaulte Kartoffel froh ist, war Andrew immer wieder zurückgekommen, um einfach nur die Möglichkeit zu haben, sei es auch nur eine Minute lang, in den Armen seines Lehrers zu liegen. Auch wenn es ihn eine Tracht Prügel kostete, das zu bekommen, war ihm der Preis nicht zu hoch. Wenn es bedeutete, sich in obszönen Stellungen präsentieren zu müssen, war das nichts im Vergleich zu der Entschädigung, die ihm danach zuteil wurde.

Die übelsten Bilder waren entstanden, als Draper ihn gezwungen hatte, sich selbst mit einem überdimensionalen Dildo zu ficken. Auf Andrews Gesicht hatte tatsächlich ein Lächeln gelegen, ein Ausdruck, den er nie vergessen würde. Es war keine Lust, es war ein vergeblicher Versuch, die Erniedrigung des Augenblicks zu überspielen. Er kauerte über dem riesigen Gummischwanz, der in seinem Arsch steckte. Draper war schnell um ihn herumgegangen, um aus jedem Winkel Fotos von der Stellung zu machen, eines obszöner als das andere.

Das schrecklichste war von hinten aufgenommen. Der Dildo pfählte Andrews jungen, mageren Körper. Der Junge hatte auf Drapers Anweisung das Gesicht zur Kamera gedreht. Es war ein unsagbar gemeines Bild. An diesem grauenerregenden Portrait gab es nichts, was man hübsch oder liebevoll hätte nennen können.

Andrew hatte nie herausgefunden, wie sein Vater in den Besitz von Abzügen des Fotos gelangt war. Eines Tages jedoch, als er gerade vierzehn war, war er nach Hause gekommen, wo sein alter Herr auf ihn wartete. Draper hatte ihn auch regelmäßig geschlagen, aber wenigstens hatte er es in einen spielerischen Kontext gestellt und ihm danach Zuneigung erwiesen. Sein Vater war an solchen Spielchen nicht interessiert, und er legte es nicht darauf an, daß Andrew sich hinterher besser fühlte. Der Gürtel hatte auf Andrew eingedroschen, und als alles vorbei war, war er bewußtlos. Er wachte auf Drapers Schwelle auf, wo sein eigener Vater ihn hatte liegenlassen.

Draper war von der Wendung der Ereignisse entzückt gewesen. Er hatte Andrew, der glaubte, für ihn gäbe es keinen anderen Platz, aufgenommen. Er stellte auch unmißverständlich klar, was die Miete sein würde, wenn der Junge bei ihm im Haus bleiben wollte.

Andrew hatte mehr als zwei Jahre lang mit seinem Körper und seiner Seele bezahlt. Deshalb war er froh gewesen, Draper wegfahren zu sehen. Der Bastard hatte sich der schwulen Gemeinde als ein feines, aufrechtes Mitglied präsentiert, das sich um seinen jungen Liebhaber 'kümmerte'. Dieser Liebhaber war ein verängstigter Junge gewesen, der in der Falle von Drapers krankhaften Gelüsten saß.

»Andrew wußte einfach nicht, was er sonst hätte tun können. Er wohnte außerhalb der Stadt. Er hatte kaum je eine schwule Zeitung zu Gesicht bekommen – wie hätte er von schwulen Jugendgruppen erfahren sollen? Für die wird nicht gerade im Fernsehen Werbung gemacht.«

»Jetzt reit nicht noch drauf rum«, blaffte Tom seinen Freund an und rückte von ihm weg.

Charlie war von der Äußerung schockiert. Worauf rumreiten? Eine Minute lang glaubte er, Tom sei immer noch zornig darüber, daß Andrew davon ausgegangen war, er müsse Sex mit den beiden Bodybuildern machen, wenn er erwartete, auch nur eine Nacht in ihrer Wohnung bleiben zu dürfen. Schließlich war ihm beigebracht worden, es sei das einzig Wertvolle, das er einem Erwachsenen bieten konnte.

Charlie massierte den Rücken, den Tom ihm zugekehrt hatte. Er konnte nicht wissen, daß Toms Reaktion einzig auf seinen eigenen Schuldgefühlen beruhte. Ihm war lediglich gerade aufgegangen, daß seiner Weigerung wegen, sich selbst als starkes Rollenvorbild zu präsentieren, die Kinder keinen einzigen schwulen Mann kannten, zu dem sie aufsehen konnten, und jetzt, mit der Geschichte, wie Andrew infolge seiner Unfähigkeit, die eigenen Möglichkeiten wahrzunehmen, in die Falle gegangen war, hatte Tom den Beweis, welchen Schaden seine eigene Untätigkeit anrichten konnte.

Er war stinksauer. Auf sich selbst.

Tom lag nicht im Bett, als Charlie am nächsten Morgen aufwachte. Er stand auf, zog einen Morgenmantel an und ging in die Küche. Tom und Andrew waren schon auf. Irgendwie war bei beiden die schlechte Laune verschwunden, und sie lachten gerade laut auf.

»Morgen«, sagte Charlie. Viel mehr sagte er nicht, er hätte den Zauber des Augenblicks zerstören können.

»Hi«, sagte Tom, stand dann auf und küßte Charlie auf den Mund. Irgend etwas war im Busch. Selbst vor anderen schwulen Freunden hätte Tom das niemals gemacht. Die Freunde umarmten sich einen Pulsschlag länger als nötig, und Charlie begriff, daß das zumindest ein Stückchen weit eine Show für Andrew war. Na schön, wenn Tom das glückliche schwule Paar in seinem Heim spielen wollte. Charlie hatte nicht die Absicht, den Spielverderber zu markieren. Er genoß es zu sehr.

»Wir haben Publikum bei unserem Treffen am übernächsten Wochenende«, verkündete Tom. »Andrew will kommen und zuschauen. Ich hab ihm das Versprechen abgrungen. Es ist eine Anzahlung auf den Unterricht, den er bekommt.«

»Unterricht?«

»Klar, von dir und mir. Ich bring ihm Gewichtheben bei, und du bist für Football zuständig. Volle Kanne durch bis zum Herbst. Der Kleine kann noch zwei Jahre Football spielen – er war ein Jahr zurückgefallen, als er Schwierigkeiten mit seinen Eltern hatte. Er hat schon immer Sport treiben wollen, aber keiner hat's ihm beigebracht. Wollte auch immer mal mit den Gewichten probieren, aber –«

»Terry ließ mich nicht. Er sagte, ich würde zu kräftig werden, zu männlich.« Andrew wurde rot nach diesem Geständnis. »Deshalb hat er mich auch immer rasiert – untenrum. Daß ich immer wie'n richtiger Junge aussehe.«

Charlie sah, daß sich Toms Gesicht zu einer wütenden Maske verzerrte. Das mußte noch so eine Sache sein, von der er noch nicht gehört hatte. Es war ein Beweis mehr dafür, welch Mißhandlungen der Junge hatte über sich ergehen lassen müssen.

»Na schön, sieht aus, als hättest du gute Knochen. Groß genug bist du. Es wird harte Arbeit werden, aber wir kriegen dich schon in Form.«

Andrew lächelte. Es war das erstemal, daß Charlie ihn das tun sah. Der Kleine sah gut dabei aus. Er wirkte natürlicher, als Charlie ihn je gesehen hatte.

»Nur noch eine Frage: um welchen Wettbewerb geht's denn? Der nächste, von dem ich weiß ist nicht vor –«

»Mr. Gay Delaware Valley. Ich hab die Anmeldung in den Gay News schon ausgefüllt. Macht 'n ernsthaften Eindruck, nicht nur so 'ne Fleischbeschau. Bei den Spartanern hing doch ein Poster – weißt du nicht mehr?«

»Ich weiß schon noch, aber ich kann kaum glauben, daß du und ich uns zu einem schwulen Bodybuildingwettbewerb anmelden.«

»Wieso nicht? Wir sind schwul, und unsere Körper haben wir so sicher wie der Teufel trainiert. Wenn wir zu den ganzen anderen Wettbewerben fahren, warum dann nicht auch zu dem? Ist vielleicht ein bißchen unfair; ich wette, wir haben mehr Erfahrung als die meisten anderen. Aber ist doch nur logisch.

Also, wer will was zum Frühstück?«

Die nächsten zehn Tage waren für Charlie eine Achterbahn der Gefühle. Für Tom mußten sie es auch sein, aber er war so mit Andrew beschäftigt, daß er es sich nie anmerken ließ.

Sie mußten zu Marcos Beerdigung gehen, und den Freunden und Verwandten und Liebhabern der anderen, die in dem Flugzeug umgekommen waren, mußten sie ihr aufrichtiges Beileid bekunden. Charlie und Tom taten mehr, als die Gefühle über all das zu durchleben. Der Kummer, der in ihren Alltag einbrach, war echt, und sie waren froh, daß sie wenn auch nur ein paar wenige schwule Freunde hatten, mit denen sie sie teilen konnten. Es schien, als trauere das ganze schwule Philadelphia über das tragische Unglück.

So sehr sie indessen all das berührte, daß Andrew in ihr Leben getreten war, ließ ihnen keine Zeit, darüber nachzubrüten.

Tom war zum Wirbelwind geworden. Ihre Kreditkarten waren leer, nachdem der Junge eine neue Garderobe bekommen hatte. Die alten Kleider befanden sich in Drapers Haus. Die Familie des toten Lehrers weigerte sich, anzuerkennen, daß Andrew auf irgend etwas in Drapers Haus Anspruch hatte. Alle waren einfach froh, die bösen Erinnerungen, die sich dort häuften, zu vergessen, und die drei hatten es zum Vorwand genommen, einen Einkaufsbummel zu machen.

Es stellte sich heraus, daß Draper die 'Adoption' Andrews rechtlich nie abgesichert hatte. Der Junge stand ganz alleine da. Tom war zu ihrem Anwalt gegangen und hatte ihn veranlaßt, ein Verfahren einzuleiten, um Andrew vorzeitig für volljährig erklären zu lassen. Der Anwalt war schockiert gewesen, als Tom die Art seiner Beziehung zu Charlie offengelegt hatte. Nicht, daß es ihn gewundert hatte, er hatte schon immer angenommen, daß sie ein Paar waren. Nur hätte er nie erwartet, daß sie diese Worte in den Mund nehmen würden. Er freute sich allerdings darüber, da es ihm selbst die Gelegenheit verschaffte, sie wissen zu lassen, daß er ebenfalls schwul war. Er hatte angenommen, ihre Heimlichkeit sei so bombenfest, daß sie es ablehnen würden, je über schwule Themen zu sprechen. Nun freute er sich, sie zu sich nach Hause einladen zu können, um seinen Freund kennenzulernen.

Und es kam noch mehr.

Als Teil ihrer Fassade, auf der Tom der Welt gegenüber bestanden hatte, hatten sie immer in einer Zweizimmerwohnung gelebt. Das übrige Zimmer wurde nun für Andrew gebraucht. In den Zimmern gab es gewaltige Umschichtungen von Kleidung, ein Neuarrangement von Schränken, und noch mehr Geld wurde ausgegeben, um dem Jungen einen eigenen Schreibtisch zu beschaffen.

»Du willst wohl nicht mal 'n bißchen langsamer machen,

oder?« fragte Charlie eines Tages schließlich. »Du willst das ganze mit 'nem großen Knall anfangen.«

Obgleich die Situation, die ihnen Andrew ins Haus gebracht hatte, schwierig gewesen war – um es gelinde auszudrücken, wurde der Übergang zur Familie mit erstaunlicher Lockerheit bewältigt. In weniger als einer Woche waren die rechtlichen Hindernisse beseitigt. Tom hatte sein Organisationstalent eingesetzt und einen Plan und eine Hausordnung aufgestellt, die das Zusammenleben der drei regeln sollte.

Die Zeit war knapp; sie waren alle so beschäftigt. Das bedeutete, daß sie auch für gesellschaftliche Erwägungen nicht viel Spielraum blieb. Andrews Lehrer mußten von seine neuen Lebensverhältnisse informiert werden. Tom und Charlie wohnten im richtigen Bezirk, so daß Andrew glücklicherweise nicht die Schule wechseln mußte. Aber es bedurfte einer Konferenz mit seinen Erziehern.

Mrs. Marabell Sweet war nicht gewohnt, mit solch massigen Männern über einen Schüler zu sprechen, besonders wenn sie annehmen mußte, daß sie ein Paar und Andrews 'Eltern' waren, aber sie erwärmte sich tatsächlich für die Männer, die um so vieles jünger waren als sie. »Es gibt keinen Zweifel, daß Sie beide etwas bei Andrew erreicht haben«, sagte sie zu Beginn der Unterredung. »Seine Stimmungsschwankungen haben sich in kurzer Zeit sehr gebessert. Ich habe mich schon immer gefragt ... Aber das spielt keine Rolle. Ich befürchte nach wie vor, daß es sich nur um eine Übergangsphase handelt, daß er wieder in sein früheres Verhalten zurückfallen wird.

Sie sind beide Lehrer; bestimmt wissen Sie wie jeder andere, wieviel Schaden dem Junge in all den Jahren angetan worden sein muß. Man kann einen Sechzehnjährigen nicht nehmen und ihn umkrempeln, seine gesamten Erinnerungen löschen und über Nacht alle Schädigungen, die er erlitten hat, ungeschehen machen.«

»Wir können es versuchen«, hatte Tom geantwortet. Und Charlie wußte, daß es ihm damit ernst war.

Am Tag vor dem Wettbewerb zum Mr. Gay Delaware Valley saßen die drei zu Hause und sahen fern. Charlie hatte Popcorn gemacht, und dazu tranken sie Kräuter-Eistee. Es fiel Andrew schwer, sich an den Gesundheitstick der beiden Bodybuilder zu gewöhnen, aber er gab sich schreckliche Mühe, und Pfefferminztee war eine der am wenigsten lästigen Angewohnheiten der beiden.

Die Regionalnachrichten liefen. Die drei hatten einen langen Tag hinter sich. Charlie war froh, daß er um war und er die unverhoffte neue Häuslichkeit genießen konnte, die sein und Toms Leben so umgekrempelt hatte. Aus der Heimlichkeit in die schwule Kernfamilie in einem einzigen lässigen Schritt. Was für ein Leben!

Er setzte ich in seinem Sessel auf und beugte sich nach vorn, um dem Ansager zuzuhören, der plötzlich viel lebendiger wirkte.

»Gerade erfahren wir: Eben wurde im Bahnhof der Amtrak in der 30th Street in Philadelphia ein großer Sprengsatz zur Explosion gebracht. Unser News Action Team befindet sich vor Ort, und wir schalten sofort zu ihm um. Sam, was gibt's dort?«

Der Bildschirm füllte sich mit dem vertrauten Anblick des alten Bahnhofs. Aus den Portalen drang Rauch, und dic Straße davor starrte vor Polizeiautos und Krankenwagen. Im Vordergrund stand ein Reporter und begann sofort, nachdem er das Signal bekommen hatte, zu reden:

»Mike, es ist ein unglaubliches Blutbad. Offensichtlich ist in einem gecharterten Amtrakzug nach New York eine Bombe gelegt worden. Sie detonierte, als der Sonderzug gerade den Bahnhof verließ. Ersten Berichten zufolge gab es Dutzende von Toten und noch viel mehr Verletzte.«

Eine Stimme aus dem Off fragte: »Gibt es Hinweise, wer die Bombe gelegt hat?«

»Beim Bahnhof und bei den wichtigsten Zeitungen gingen mehrere Anrufe ein. Sie besagten lediglich« – der Sprecher schien besorgt über das, was er zu berichten hatte – »Die Anrufe waren obszön. Es wurde behauptet, daß die Bombe gelegt worden sei, um dazu beizutragen, daß die Stadt Philadelphia von Abartigen und Krankheiten gesäubert wird.«

»Das ergibt doch keinen Sinn«, sagte der Sprecher aus dem Off.

»Mike, der Zug war von einer Schwulengruppe gechartert worden, die nach New York fahren wollte, um auf einer Sonderveranstaltung an diesem Wochenende Geld für den Kampf gegen AIDS zu sammeln. So viel wir wissen, handelt es sich bei allen unmittelbaren Opfern um Homosexuelle. Es gab weitere, nicht tödliche, Verletzungen, aber die scheinen unbeteiligte Personen zu betreffen, die lediglich ins Kreuzfeuer zwischen den Homosexuellen und ihren Angreifern gerieten.«

»Es gibt doch wohl keine Verbindung zwischen dem Zwischenfall hier und der Explosion des Flugzeugs auf dem Philadelphia International –«

»Mike, von den gleichen obszönen Anrufern war Action News informiert worden, daß die Behörden gelogen hätten, was das Flugzeugunglück betrifft. Sie beharren darauf, daß sie noch einmal ein Zeichen setzen wollten, bevor sie sich mit ihren Behauptungen an die Medien wenden. Ich habe mit dem Büro des Bürgermeisters gesprochen, Mike, und irgend etwas ist dort im Gange. Bezüglich der Behauptung, über den Zwischenfall am Flughafen seien falsche Angaben gemacht worden, erhält man nur ein hartnäckiges 'Kein Kommentar'.

Mike, es hat den Anschein, als gäbe es Terroristen, die es auf die schwulen Männer von Philadelphia abgesehen haben, und es gibt nicht den geringsten Hinweis, wer sie sein könnten.«

Tom stand auf und schaltete wütend den Fernseher aus. »Was, verdammte Scheiße, meinen sie damit: 'Gerieten in das Kreuzfeuer zwischen den Homosexuellen und ihren Angreifern'? Die reden so, als wären die Leute im Zug aktiv daran beteiligt gewesen!«

Charlie dachte jedoch über etwas anderes nach. »Das heißt, das Marco ermordet wurde. Es war kein tragisches Unglück, wie behauptet wurde. Es war geplant. Um Himmels Willen, was geht da vor?«

XII

Alex Kane schaute aus dem Fenster seines Hotelzimmers und erblickte über dem Rathaus das Standbild von William Penn. Seit Jahrzehnten erinnerte die Statue alle daran, daß die riesige Großstadt im edelsten Geist der kolonialen Vorfahren gegründet worden war.

Sie, die Stadt der brüderlichen Liebe war als Zufluchtsort vor den Vorurteilen und der Intoleranz eines anderen, älteren Landes erbaut worden. Hier, in eben dieser Stadt, hatten die Siedler beschlossen, daß selbst die schwächsten Bindungen an das Mutterland für ein freies Volk unerträglich seien. Nur ein paar Straßen jenseits des Rathauses war die Unabhängigkeitserklärung unterzeichnet worden.

»Ich will da hin.«

»Was?« fragte Danny von der anderen Seite des Zimmers. Er war schon froh, daß Alex überhaupt etwas gesagt hatte. Der Bombenanschlag auf den Zug in so unmittelbarer Nähe ihres Hotels hatte das Gefühl der Ohnmacht in seinem Freund nur noch verstärkt. Sie hatten sogar den Knall gehört. Auch sie hatten im Fernsehen die Sendung gesehen, in der die toten Heterosexuellen als Opfer beschrieben wurden, die in eine Schlacht geraten seien, und die Schwulen als aktive Teilnehmer dargestellt wurden.

Es hatte eine Flut von nächtlichen Telefonaten in Farmdales Haus in Kalifornien gegeben. Die Computer waren angeworfen worden, und über die Fernleitung fanden Eilkonferenzen statt. Aus dem Inhalt der Anrufe bei den Behörden und Medien in Philadelphia ergab sich jedoch nichts.

Farmdale war noch besorgter als sonst. Seine ursprüngliche Annahme, die Fluglinien seien das Hauptziel, war offenkundig falsch, obgleich der Ausgangspunkt der gleiche blieb: die Verletzlichkeit des nationalen Transportsystems war noch immer das Ziel. Bahnhöfe waren sogar noch leichter anzugreifen. Hier gab es nicht die Sicherheitsüberprüfungen wie auf Flughäfen. Die Passagiere konnten einfach einsteigen und an ihren Bestimmungsort fahren. Die Frage war nun: Würden die Terroristen noch weitere Teile des Transportnetzes, das das Land zusammenhielt, anvisieren?

Der Bürgermeister und der Gouverneur saßen in einer Zwickmühle. Sie konnten die Bahnhöfe und Flughäfen, die die Region verbanden, nicht schließen. Niemand konnte jedoch die Möglichkeit von schweren Zerstörungen und Verlusten an Menschenleben ableugnen.

Irgend eine Gruppe hier, in der Stadt, die auf den Prinzipien von Frieden und Freiheit errichtet war, versuchte deren schwule Bevölkerung auszulöschen. Sie mußten herausbekommen, wer diese Idioten waren. Sie würden Alex Kane für vieles Rede und Antwort stehen müssen – für sehr vieles.

Alex war nach einer unruhigen Nacht, die auf diese Gespräche folgte, den ganzen Tag über stumm geblieben. Sie wußten noch nichts Neues. Aber zumindest war er bereit, zu sprechen, und er wollte ausgehen. Danny war das recht. Genau genommen, erschien es ihm als verdammt gutes Zeichen.

Der grausamen Realität konnten sie indessen nicht ausweichen. Danny schaute zu, als Alex einen Lederrucksack holte und ihn sich über die Schulter legte. Er sah aus wie ein eleganter Herrenrucksack, wie ihn so viele Männer in New York jetzt trugen. Danny wußte jedoch, daß es sich nicht um den Ersatz für eine Aktentasche handelte. Im Innern befanden sich, zum Zusammenbau bereit, die Teile einer tödlichen, kompakten Uzi-Maschinenpistole, die Alex mitgebracht hatte.

Sie gingen den Kennedy Boulevard entlang. Nach dem

Rathaus gingen sie durch die belebte Einkaufszone der Market Street. Weite Entfernungen spielten für durchtrainierte Männer wie Danny und Alex keine Rolle. Sie behielten ein hohes Tempo bei, bis sie die Independance Mall erreichten.

Das Gehen hatte Alex ein wenig aufgelockert. Die wimmelnde Menschenmenge und der klare Frühlingstag ließen die Stadt wieder lebendig erscheinen. Die Bilder halfen ihm, den Anblick der aus dem Bahnhof in der 30th Street quellenden Rauchwolken, die, wie er wußte, das Massaker an so vielen unschuldigen Schwulen bezeugten, zu vergessen.

Nun, unversehens inmitten des hübschen und guterhaltenen historischen Viertels, war er in der Lage, etwas von dem Guten, das dieses Land hatte, wahrzunehmen, und sich zu erinnern, daß das Böse eine Abweichung war, nicht die Norm.

Da waren Massen von Touristen, die sich noch nicht so sehr fürchteten, um Philadelphia verlassen zu wollen. Da standen aufgereiht Schulkinder und Reisegruppen, um die Gebäude zu besichtigen. Alex und Danny genossen den Anblick der unbekümmerten Menschen.

»Mein Gott!« murmelte Danny plötzlich. Alex hatte es auch gesehen.

Mitten in der längsten Reihe – der Reihe, die in die Independance Hall selbst führte – stand eine Gruppe von Männern, alle etwa Mitte zwanzig bis Mitte dreißig. Sie hatten die üblichen Rucksäcke, in denen Touristen gewöhnlich tagsüber ihre Sachen tragen. Die Aufkleber auf den Rucksäcken besagten, daß sie aus Großbritannien kamen. Aber aus welchem Land sie auch kamen, Alex und Danny wußten, daß sie schwul waren.

Rasch blickten sie sich auf dem offenen Platz, auf dem das Gebäude stand, um. Sie beeilten sich, näher an die Gruppe heranzukommen. In dieser Lage konnten sie gar nicht überreagieren. Nicht nach den Anschlägen auf den Flughafen und den Bahnhof.

Hier stand eine Gruppe von eindeutig zu identifizierenden Schwulen offen herum.

»Alex, schau!«

Danny wartete die Antwort nicht ab. Er stürmte mit vollem Tempo über den Rasen. Ein Parkwächter schrie ihn an, er solle den Gehsteig benutzen, aber auf solche Regeln achtete er heute nicht.

Alex sah, was Danny aufgefallen war. Vier Männer, die in der Nähe des Eingangs zur Independance Hall gestanden hatten, waren auf die Seite des Gebäudes gegangen. Sie versuchten, wie Leute zu wirken, die zu einer Unterhaltung im Kreis zusammenstanden. Ihre Haltung jedoch und der verschwörerische Eindruck, den sie verbreiteten, hoben sie aus der Menge der heiter plaudernden Touristen heraus. Mit irgend etwas war ihnen todernst, und dieses etwas hatte nichts mit amerikanischer Geschichte zu tun – zumindest nicht mit der Frühgeschichte des amerikanischen Volkes.

Alex warf seinen Rucksack zu Boden und zog die Teile seiner Maschinenpistole hervor. Sobald sie bereit war, rannte er Danny nach.

»Rambo, Mami, da kommt Rambo!« schrie ein kleines Mädchen, als es Alex über den Platz hetzen sah. Der Ausruf des Mädchens rief zwei unmittelbare und widersprüchliche Reaktionen in der Menge hervor. Eine Hälfte glaubte, Alex sei Teil der Festlichkeiten, ein Schauspieler in der Rolle eines modernen Freiheitskämpfers vor den Kulissen der alten Gebäude. Die andere Hälfte sah nur die Schußwaffe. Deren tödliche Realität ließ ihnen nicht viel Zeit für Phantasien über übermenschliche Helden.

Die Menge wogte auf und nieder und wurde in zwei Richtungen gezerrt, als manche versuchten, näher an Alex heranzukommen, während andere sich so weit wie möglich von ihm entfernen wollten.

Alex stürmte, trieb sich zu größtmöglicher Geschwindigkeit an. Er wollte es nicht riskieren, viele Zivilisten zwischen sich und die Männer, die er gesehen hatte, kommen zu lassen. Schwer atmend verfluchte er den puren Gedanken, jemand könnte ihn mit diesem Arschloch verwechseln. Rambo! Gott, fanden die keinen Besseren, mit dem sie ihn vergleichen konnten?

In diesem Augenblick flog ein Schatten durch die Luft. Er stieg mindestens zweieinhalb Meter in die Luft, wobei er sich so schnell drehte, daß er nur vage als menschliche Form zu erkennen war. Er schnellte auf die Verdächtigen zu.

Das Geschoß schlug ein; seine Umrisse waren mit einem Mal auszumachen, als es in schwungvoller Bewegung zielsicher seinen Endpunkt erreichte. Danny. Beide Füße trafen auf die Nacken von zweien der Männer auf. Die dämpften seinen Sturz ab, indem sie den größten Teil der Wucht absorbierten. Schlecht für sie, da sie durch den Schlag, den sie erhielten, bewußtlos zu Boden geschleudert wurden.

Für einen kurzen Augenblick erkannte Alex, daß Danny tatsächlich auf ihren Köpfen stand. Die turnerischen Fähigkeiten des Mannes kannten keine Grenzen. Damit waren seine verborgenen Talente noch nicht erschöpft. Er schien nur ein ganz klein wenig im Knie einzuknicken. Dann war er wieder in der Luft. Der Sprung erreichte nicht die gleiche Höhe wie der erste, aber die Wirkung war ebenso groß. Mitten in der Luft machte er einen Doppelsalto. Im Fallen trafen die harten Absätze seiner Schuhe die Gesichter der beiden anderen. Sie fielen nach hinten, wobei ihre Köpfe mit einem häßlichen dumpfen Geräusch von der Backsteinmauer der Independance Hall abprallten.

Als Alex dazukam, waren die vier Verschwörer völlig außer Gefecht gesetzt, und Danny durchsuchte ihre Kleidung. Alex murmelte nur »Angeber« und machte sich daran, die Taschen, die die Männer dabei hatten, aufzureißen.

Jetzt kamen Polizisten herbeigerannt. »Halt! Keine Bewegung!« und weitere Worte wurden ihnen zugebrüllt. Die beiden fuhren jedoch mit ihrer Untersuchung fort.

Als der erste Polizist zur Stelle war, überreichte Alex ihm lediglich zwei der offenen Taschen, die er durchsucht hatte. »Sie hatten M-16s dabei, auf Dauerfeuer gestellt. Genügt Ihnen das als Beweis?«

Der Polizist starrte auf die beiden häßlichen, tödlichen Waffen, die er aus seiner Zeit in Vietnam nur allzu gut kannte. Er hob die Hand und hielt seinen Kollegen davor zurück, sich in die Arbeit der beiden Männer einzumischen.

»Sie sind auf unsrer Seite«, sagte er mit plötzlicher Überzeugung.

»Und was ist mit der Scheißkanone, die der Witzbold bei sich hatte?« fragte der zweite Beamte.

»Vergiß einfach, daß du sie gesehen hast.«

»Was? Spinnst du?«

»Mach, was ich sage. Schick die anderen Männer wieder zu den Leuten zurück, um sie zu beruhigen. Die Lage ist unter Kontrolle.«

Danny schaute in stumm fragend an. Der Polizist sagte einfach: »Mein Lover war in dem Zug. Deshalb seid ihr doch hier, oder?«

Danny nickte.

»Ihr habt zwei Minuten, ihr Asse. Aber dann geht's hier richtig rund, und dann kann ich nichts mehr machen. Beeilt euch. Und seht zu, daß die verdammte Kanone da weg kommt.«

Er drehte ihnen den Rücken zu, wie um den Tatort zu sichern, während Danny seine Suche unterbrach, um die Uzi zu zerlegen und in einer der Taschen zu verbergen, die sie geleert hatten.

Einer der Männer begann zu stöhnen. Alex eilte zu ihm hin. Er zog ihn an den Haaren hoch. Der jähe Schmerz brachte ihn scharf zu Bewußtsein. »Wer seid ihr? Wer hat euch beauftragt?«

Die Augen des Mannes öffneten sich weiter. »Ihr haltet uns nicht auf. Die *Organisation* weiß, was das Beste für das Land ist.«

Alex konnte nicht verstehen, wie der Mann die Bezeichnung gebrauchte. »Welche *Organisation*?« fragte er. »Wer ist der Kopf?«

»Abschaum, alles nur Abschaum, der uns schwächt und macht, daß wir unsere Männlichkeit verlieren.«

»Ich schwör dir bei Gott, ich reiß dir die Eier mit den Zähnen ab, wenn du mir nicht antwortest.«

»Die Muskeln von denen sind nur Tarnung.« Der Mann schien nicht zusammenhängend zu sprechen. »Alles nur Tarnung. Das sind keine richtigen Männer. Heute nacht werden wir's ihnen zeigen, wenn sie versuchen, die Welt zu verarschen. Die Kraft von denen kommt vom Teufel ...«

Der Mann wurde wieder ohnmächtig.

»Macht zu. Schnell!« sagte der freundliche Bulle jetzt. »Das Überfallkommando rückt an. Ihr müßt euch trennen. Versucht, euch unter die schwule Gruppe zu mischen. Beeilt euch.«

Stephen Flaherty hatte in seiner ganzen Laufbahn als Polizist in Philadelphia etwas Ähnliches noch nie getan.

Als die Menge sich endlich zerstreute und der ganze Papierkrieg bewältigt war, war Flaherty froh, daß sein Dienst zu Ende war und er nach Hause gehen konnte. Er hatte schon immer gewußt, daß es seine Bestimmung war, Bulle zu sein – drei Generationen von Flahertys waren bei der Polizei von Philly gewesen – aber nun hatte er noch eine andere Verpflichtung.

Sean schlief schon, als Stephen ins Schlafzimmer kam. Er hatte ein paar starke Schmerzmittel eingenommen, die ihm halfen, etwas auszuruhen. Stephen blickte auf sein bandagiertes Bein und dankte Gott nicht zum erstenmal, daß die Verletzungen nicht schlimmer gewesen waren.

Hier hatte er sein gesamtes Erwachsenenleben verbracht, um die Bürger von Philadelphia zu beschützen, um feststellen zu müssen, daß der Mensch, der ihm am meisten am Herzen lag, von Verbrechern angegriffen wurde. Das war eine Ironie, die jenseits seines Begriffshorizonts lag.

Sean wälzte sich herum und schlug die Augen auf. »Na du dicker Ire, wo warst du denn, als ich dich brauchte?«

»Du hast was gebraucht? Verdammt noch mal! Ich hab dir gesagt, du sollst Mrs. Libby unten rufen – die hätte doch –«

»Die hätte nicht Hand anlegen können, wo ich es nötig hatte«, sagte Sean hinterhältig. »Ich hatte ein ganz besonderes Bedürfnis, eins, das nur ein dicker irischer Klotz wie du richtig zu nehmen gewußt hätte.«

»Mann Gottes, sogar jetzt kannst du an nichts anderes denken als an Sex!«

»Gibt's sonst was, das die ganze Aufregung wert wäre?« sagte Sean.

»Unser Leben zum Beispiel.«

»Ich hab's intakt überstanden. Mein Bein ist ein bißchen lädiert, aber da gibt's noch andere Teile, die bestens funktionieren, Gott sei Dank. Wenn du wirklich nur halb der Mann wärst, für den ich dich halte, dann kämst du jetzt rüber und würdest meinen Apparat umgehend austesten.«

»Ach, Sean!« Flaherty wollte streng und unerbittlich zu seinem Freund sein, aber dieser liebevollen Versuchung konnte er nicht widerstehen. Er versuchte, das Thema zu wechseln. »Hast du im Fernsehen gesehen, was da unten auf der Independance Mall los war?«

»Ja, Baby. Komm her, und erzähl's mir.«

»Ach komm, Sean, sei mal ernst. Da waren diese schwulen Typen, die den ganzen Kampf alleine gemacht haben. Du hättest sehen sollen, was die angerichtet haben. Ich ... also, ich hab sie laufen lassen.«

»Du? Der große Wächter über Gesetz und Ordnung im Reich von Philadelphia?«

»Da war was an denen, Sean. Ich hab nicht eine Sekunde daran gezweifelt, daß sie auf unsrer Seite stehen. Sie waren wie wir – das waren Schwule, die stolz darauf waren und bereit, für ihre Sache zu kämpfen.«

Sean warf ihm einen schiefen Blick zu. »Stephen, wir sind keine Helden.«

»Ach nee? Wieviele andere irischen Bullen kennst du, die eine Gruppe für schwule Polizeibeamte gründen wollen?«

»Das hat nichts mit Heldentum zu tun, nur mit Zurechtkommen. Wir wollten uns einfach nicht länger verstecken.«

»Na schön, mein Junge, genau das heißt für mich, ein Held zu sein – wenigstens in unserer Zeit – sich nicht verstecken. Es ist mutig, sich zu bekennen und sich mitten in der ganzen Scheiße, die uns die Welt bietet, stolz und aufrecht hinzustellen.«

»Stephen, wenn du ein Held sein willst, dann erkläre ich hiermit, daß du genau das bist. Ich denke, es wäre noch viel mutiger von dir, wenn du jetzt rüberkommen und mir ein bißchen von deiner irischen Liebe schenken würdest.«

Stephen gab seinen Widerstand auf und lächelte. »Hast du mich vermißt?«

»Ich hab nicht dich vermißt, Flaherty. Ich hab deine starken Arme und deinen fetten Schwanz vermißt.«

»Wie du immer redest! Wenn dich deine Mutter hören könnte.«

»Ich würd's ihr sagen, wenn's dir dann besser ginge.«

»Würdest du nicht!«

»Okay, ich würd's ihr sagen, wenn es dich dazu bringen würde, jetzt rüberzukommen und mich in die Arme zu nehmen.«

So weit konnte Stephen nachgeben. Er wußte sehr gut, daß Seans Schmerzen nachgelassen haben mußten. Sein Freund hätte nicht solches Interesse gezeigt, wenn die Qualen so schlimm gewesen wären wie letzte Nacht, als er frisch aus der Notfallchirurgie gekommen war.

Aber Sean war ein starker Mann, ein gesunder Mann, der sich nicht von seinen Problemen unterkriegen ließ. Und ganz gewiß kein Mann, den ein verletztes Bein vom Sex abhielt.

Stephen legte den Riemen ab, den er über der Brust und um die Hüfte trug. Dann knöpfte er das Uniformhemd auf. Er schlüpfte heraus und zog sich danach das T-Shirt über den Kopf.

Er war stolz auf seinen Körper und das mit Recht. Seine Brust war von dichtem rotem Haar bedeckt, und sein Bauch war von dem Training, auf dem die Polizeibehörde bestand, um ihre Männer in Form zu halten, steinhart.

Er griff nach unten und zog die Polizeistiefel aus. Ihnen

folgte die Uniformhose. Jetzt stand er nur noch in der Unterhose da. Er legte auch sie ab und zeigte seinem Lover stolz seinen kurzen, aber dicken Schwanz.

»Zieh die Stiefel wieder an. Und den Gürtel«, sagte Sean zärtlich.

Stephen lächelte. Sean war ganz der alte, einer, der den Anblick eines Polizisten und die Vorstellung von der Aufgabe eines Bullen in der Stadt schon immer bewundert hatte. Als sie sich auf der Polizeischule kennengelernt hatten, hatten sie auch entdeckt, daß ihre Liebe für alles an der Polizei sich sogar auf ihre erotischen Vorlieben erstreckte.

Es gab für beide nichts Schöneres als ein Mann, der die Insignien eines Beamten trug – vor allem, wenn er nur einige wenige dieser Insignien trug. Seans wahre Liebe galt dem Anblick seines Lovers in den kniehohen Stiefeln, die bei allen Polizisten zur Dienstkleidung gehörten, und der ausgeprägten Männlichkeit des schwarzen Lederriemens um Stephens Hüfte und über seiner Brust.

Stephen legte die Ausrüstung wieder an und ging sogar noch weiter. Er langte in das Kleiderbündel und zog ein Paar Handschellen hervor. Er fragte nicht einmal danach, ob Sean Einwände hatte; er ging einfach hin und fesselte ihm blitzschnell die Handgelenke ans Bett.

»Oh, Mann!« wimmerte Sean. Stephen wußte jedoch, daß es nicht aus Angst geschah. Sean reagierte auf diese geliebten Symbole ihres Lebens als Polizisten und darauf, wie nahe Stephens Schwengel an seinem Mund war.

Jetzt gab es für beide kein Zögern mehr. Sean war wehrlos, und Stephen war zu geil, um noch zu warten. Sobald er sich vergewissert hatte, daß Sean in Ordnung war, gab es keinen Grund mehr für ihn, vor dem rauhen, männlichen Spiel zurückzuschrecken, das sie beide so sehr genossen.

Im Grunde hätte es ebenso gut Stephen sein können, der am Ende ans Bett gefesselt worden wäre und vor dem Sean in ganz ähnlicher Aufmachung gestanden hätte.

Die beiden waren schwule Bullen, die auf Bullen standen. Das war alles. Stephen griff nach unten, zog Sean an den Haaren und zwang den Kopf seines Lovers nach vorn, um seinen dicken Ständer zu schlucken. Er hielt Sean an den Haaren fest und pumpte in seinen Mund hinein. Er wußte, daß sein Freund dieses Spiel mochte. Er wußte sogar, was in Seans Kopf vorging:

Stephen war ein Bulle, der gerade einen Gauner gestellt hatte, der versucht hatte, in einen Laden einzubrechen. Er hatte ihm Handschellen angelegt und war bereit, ihn aufs Revier zu bringen. Der Gauner hatte ihn angefleht, Milde walten zu lassen. Er sei ein braver Junge, versicherte er; er würde so etwas nie wieder tun. Stephen konnte ihn jedoch nicht ganz ohne Strafe laufen lassen.

Der Gauner verstand das, beschwor ihn jedoch, es so zu machen, daß er keinen Eintrag ins Strafregister bekam, der sein ganzes Leben ruinieren würde.

Wenn der Gauner gut genug im Schwanzlutschen war, könnten sie sich vielleicht einigen. Der Strolch hatte sich ausgezogen und sich an die Arbeit gemacht, dem Beamten seine Dankbarkeit zu zeigen. Alles was der Polizist wollte, würde der Kleine tun – sogar ihm den Schwanz lutschen.

Es war eine ihrer Lieblingsszenen, und sie waren so gut aufeinander eingespielt, daß Stephen die Geschichte nicht einmal laut erzählen mußte. Er und Sean wußten ganz genau, was sie taten und warum.

Stephen schoß seine Ladung in Seans willigen Mund ab. Als die Schwälle von Sperma schließlich versiegt waren, wollte Stephen noch nicht aufhören. Er hatte einen anderen

Plan. Er ging wieder zu dem Kleiderhaufen am Boden und griff nach einem weiteren Utensil; seinem Schlagstock.

»Ich glaube, Sean, mein Junge, du hast geschwindelt. Ich denke, du hast deine Verletzungen übertrieben, um aus dem Job rauszukommen.«

»Nein, Stephen, du weißt, das ich das nie tun würde.«

»Mir scheint, du hast dir das ein bißchen zu einfach vorgestellt. Vielleicht hast du geglaubt, du kämst mit ein bißchen Schwanzlutschen davon und würdest mit leid tun, und ich würde dich danach in Ruhe lassen. Na, da hast du dich leider geirrt, Sean, leider geirrt.«

Stephen hielt den Schlagstock hoch und griff dann nach der Gleitcreme, die auf dem Tisch wartete. »Mir scheint, dein Verband hat dein Arschloch frei gelassen, Sean. Ist das nicht erstaunlich? Ist das nicht einfach erstaunlich?«

Sean starrte den Schlagstock an, der so eingeölt wurde, daß das dunkle Holz glänzte. Er wußte, was jetzt kommen würde. Das war auch eines ihrer Lieblingsspiele – das, bei dem der Gauner mit dem Schlagstock gefickt wird. Er spürte, wie sein Schließmuskel sich vor Erwartung zusammenzog.

»Stephen, küß mich zuerst. Bitte küß mich zuerst.«

Der fast nackte Bulle beugte sich nach vorn und pflanzte die Lippen auf die seines Geliebten, ohne aber den Schlagstock wegzulegen. Mit dem hatte er Pläne, und die würde er auch ausführen.

XIII

Die Menge war für das ursprüngliche Kommando der Polizei von Philadelphia viel zu groß gewesen. Die Männer waren damit beschäftigt, mit den vielen Menschen zu sprechen, die sich als Augenzeugen meldeten.

»Das war ein riesiger Mann, doppelt so groß wie ein normaler Mensch –«

»Das war eine Bande von mindestens zehn, die den Angriff auf die armen, unschuldigen –«

»Ich hab Rambo gesehen, ganz genau wie im Kino. Ich schwöre, es war Rambo. Der wohnt doch hier in Philadelphia, oder?«

Die Geschichten wurden immer wilder, und die Reihen der Leute, die ihre Version schildern wollten, immer länger. Den Beamten war es unmöglich, die beiden Männer zu sehen, die sich von der Menge entfernten.

Alex und Danny mischten sich unter die britischen Touristen auf der anderen Seite der Independance Hall. Die Engländer waren über die offene Gewalt in der amerikanischen Stadt entsetzt. Zu Hause hatte man sie gewarnt, daß die Amerikaner zu so etwas neigten, aber jetzt, da sie den Beweis dafür hatten, wollten sie Ruhe und Frieden ... und einen Drink.

»Wo kriegt man hier 'n verdammtes Pint?« fragte einer.

Danny rief sich den Lageplan der schwulen Läden in Erinnerung und sagte schnell: »Da lang. Ich zeig euch eine schwule Kneipe.«

Dort war man froh über ein solches Geschäft zur Mittagszeit. Der Geschäftsführer war zufällig anwesend, um Papierkram zu erledigen, als fünfundzwanzig Personen hereinströmten. Er kam dem Barkeeper zur Hilfe, und beide zapften eine Menge Bier und Drinks in Rekordzeit.

»Das war ja ‘n Ding! Was ist da überhaupt passiert?« wurde Danny von einem Mann gefragt. Die Anspannung und das überraschende Geschehen hatten ihn einem nahezu Fremden gegenüber gesprächiger gemacht als üblich. »Bomben und Kanonen, wohin man sieht. Ich glaube, es wäre das Beste, in die nächste British Air nach Hause zu steigen!«

»Was«, sagte einer seiner Gefährten, »und noch ‘nen Bombenanschlag riskieren? Verdammt, ich komm mir so ausgeliefert vor, wie die armen Schlucker, die da entführt worden sind, das kannst'e mir glauben. Man wagt sich ja heutzutage nicht mehr, sich zu rühren, oder?«

Danny machte Smalltalk und tat alles, um die Touristen zu beruhigen. Drüben in einer Ecke blätterte Alex in der neuesten Gay News. Als es schien, daß die Gruppe sich genügend ihren Getränken zugewandt hatte und angeregt damit beschäftigt war, sich die einzelnen Erinnerungen an die zurückliegenden Ereignisse zu schildern – ohne daß irgend einer erkannt hätte, daß es sich bei dem menschlichen Geschoß, das sie gesehen hatten, um Danny gehandelt hatte – ging dieser zu Alex, um zu sehen, was er so Wichtiges las.

»Was gefunden?« fragte Danny, als Alex sich neben ihn gesetzt hatte.

»Ich glaube schon. Es ist das einzige, wo wir wirklich ansetzen können. Wir schaffen es nie, mit den Kerlen zu reden, die die Polizei auf dem Platz geschnappt hat. Aber der eine, den ich gekriegt habe, sagte was von ‘ihren Muskeln'. Heute abend findet so ein schwules Bodybuildingdings statt. Ich fürchte, das könnte das Angriffsziel sein. Es ist nahe genug – ein Risiko, das wir eingehen müssen.«

Danny nickte zustimmend und schaute über Alex' Schulter nach dem Plakat für den Mr. Gay Delaware Valley Wettbewerb.

Stu Manger schäumte, als er sich den Bericht von einem der Männer, die alles mitbekommen hatten, anhörte. Er hatte sich um die Mannschaft gekümmert, die die Cockneytouristen hätte ausschalten sollen.

»Ihr habt versagt und das ganze Ding versaut! Die Kerle werden reden –«

»Meine Leute reden nicht«, sagte Jack Vanta mit fester Stimme. »Die sind ja nicht blöd.«

»Die Polizei hat vier von ihnen festgenommen. Wenn auch nur einer –«

»Ich habe gesehen, daß Elmo mit einem der Verrückten, die sie geschnappt haben, geredet hat«, sagte der Zeuge. »Es schien nicht ganz da zu sein. Er könnte was gesagt haben ...«

Vanta sank in seinen Stuhl zurück und dachte nach. Diese Möglichkeit gab es immer. Ebenso wie man annehmen mußte, daß ein gewissenhafter Befrager Wahrheitsdrogen verwenden konnte, um den besten und härtesten Mann zum Reden zu bringen, mußte man sich Sorgen darüber machen, was ein Mann im Delirium sagen konnte. Verdammt!

»Wir brechen das Lager ab. Das war sowieso geplant. Wir machen es einfach nur vorzeitig. Ich habe schon arrangiert, daß wir uns mit einer Gruppe vom Klan in Virginia treffen. Das ist nicht allzu weit von hier –«

»Aber unsere Pläne für Philadelphia!« Manger war sichtlich außer sich bei dem Gedanken, die Arbeit in Philadelphia abzubrechen. Für ihn hatte sie persönliche Priorität. Hier wollte er seine Aktionen durchführen.

»Scheiß drauf, Stu! Wir haben den Flieger und den Zug erwischt. Was willst du noch mehr?«

»Die U-Bahnen. Die Autobahnen. Die Brücken. Die Stadt in die Knie zwingen. Das war es, was wir wollten. Es ist so einfach. Ich hab euch gezeigt, wie. Amerikanische Städte sind die einfachsten Ziele überhaupt. Sie sind überentwickelt und außerordentlich konzentriert. Wir können dem amerikanischen Volk zeigen, wie unvorbereitet es einfach ist. Sie werden danach rufen, daß das Militär übernimmt, wenn wir so weitermachen.«

»Aber wo ist der Unterschied? Verdammt, ich meine, die U-Bahn in Washington kriegen wir genau so leicht, und die Autobahnen in Baltimore, und –«

»Nein! Du mußt zuhören. Sie haben noch nicht erlebt, daß eine Stadt so lahmgelegt wird, wie wir es tun können. Wenn wir nur beliebige Terroranschläge machen –«

»Was wir gemacht haben, ist meilenweit entfernt von beliebigen Terroranschlägen, Manger. Wir haben über vier Dutzend von den Schwulis erwischt, und wir haben Amtrak angeknackst, und der Verkehr auf Philadelphia International ist um die Hälfte zurückgegangen, seit endlich bekannt wurde, daß wir den Flieger in die Luft gejagt haben – es war nicht einfach nur ein Unglück.«

»Ich will Philadelphia!« Manger knallte die Faust auf den Schreibtisch und beugte sich quer darüber. Zum erstenmal, seit Vanta sich erinnern konnte, bedrohte er doch tatsächlich den Leiter der *Organisation* und hatte seine ruhige, geschäftsmäßige Fassade fallen lassen. Der Mann war wahnsinnig – Vanta war eigentlich erleichtert, das zu erkennen.

Vanta dachte darüber nach. »Die Hauptkräfte verlege ich nach Virginia. Hier sind einfach zu viele Männer. Wenn jemand wirklich nach einer Gruppe wie uns Ausschau hält, fallen wir zu sehr auf. Aber ich bleibe hier, du auch, Manger, und wir behalten ein paar der besten Männer bei uns.

Für heute nacht steht schließlich alles, und es gibt keinen einleuchtenden Grund es nicht durchzuziehen. Überhaupt keinen. Mit dem Rest könntest du auch recht haben. Vielleicht einfach noch ein paar Bomben, und die Leute kriegen den Arsch hoch. Dann würden sie sicher ihre Aufmerksamkeit auf hier richten und sie glauben lassen, das sei das einzige Ziel. Das macht's uns in Washington um so leichter, wenn wir so weit sind.«

XIV

Andrew hatte so etwas noch nie gesehen. Er stand in der Garderobe hinter der Bühne. Um ihn her waren über ein Dutzend der kräftigsten schwulen Männer, die er je zu sehen sich erträumt hatte. Sie waren alle riesig – und sie waren alle nackt, wenigstens beinahe.

Während er dastand und zusah, ölten Charlie und Tom sich gegenseitig für den Wettbewerb ein. Sie erklärten, dies sei eine Art Schönheitskonkurrenz, wo die Männer nach der Ausstrahlung ihres Körpers beurteilt würden. Deshalb mußten sie sich ins beste Licht rücken.

Es war sonderbar anzusehen gewesen, als sie ihre Brust und die Beine an diesem Morgen rasiert hatten. Terry Draper hatte es als einen Akt der Erniedrigung getan, wenn er Andrew rasiert hatte. Das Paar jedoch tat es für den Wettbewerb. Sie machten eine Menge Dinge aus anderen Gründen als Draper – zum Beispiel so, wie sie sich jetzt um Andrew kümmerten und so, wie sie gegenseitig miteinander umgingen.

Er wohnte inzwischen seit nicht einmal ganz zwei Wochen bei den Männern. Aber er konnte schon so vieles bei ihnen sehen, das ihn erkennen ließ, daß er in den Jahren mit Draper nicht die einzige Art erlebt hatte, wie schwule Männer handelten. Ein Beispiel dafür hatte er direkt vor Augen.

Drapers einziges Interesse hatte Andrews Schwanz und Arschloch gegolten. Charlie und Tom jedoch kümmerten sich jeden einzelnen Teil des Körpers des anderen. Tom massierte das schimmernde Öl jetzt gerade in Charlies gewaltigen Rücken ein. Jedem Zentimeter Haut seines Freundes widmete er liebevolle, bedächtige und erotische Aufmerksamkeit. Die Art, in der er es tat, wirkte fast ... nicht obszön, aber viel zu intim für die Augen anderer.

Andrew hätte sich jemanden gewünscht, der ihm diese Art von Aufmerksamkeit geschenkt hätte, als er noch jünger war. Jemanden, der ihn berührt hätte, ohne zu erwarten, dafür mit einem Orgasmus entlohnt zu werden, wäre ihm in seinem Leben schrecklich willkommen gewesen. Charlie und Tom hatten versucht, ihm in den letzten Tagen ihre Zuneigung zu beweisen, aber seine Erinnerungen an das, was Draper getan und wie er Andrew behandelt hatte, quälten ihn so sehr, daß der Junge automatisch ausgewichen war, wann immer einer der Bodybuilder versucht hatte, ihn in den Arm zu nehmen.

Während Andrew zuschaute, tauschten die beiden Freunde die Plätze. Nun rieb Charlie Toms Rücken mit Öl ein. Andrew verspürte plötzlich das Bedürfnis, auf ebenso liebevolle Weise behandelt zu werden.

Konnte es wirklich sein, daß die beiden anders waren? Würden sie wirklich alle Versprechen erfüllen, die sie ihm gegeben hatten? Ihm Sportunterricht zu geben? Ihm bei den Hausaufgaben zu helfen und ihn in ein schwules Leben einzuführen, bei dem es um mehr ging als um Sex? Wenn ja, dann ...

Aber als er das gefühlvolle Massieren beobachtete, ging Andrew auf, daß er seinen eigenen Beitrag würde leisten müssen, wenn es funktionieren sollte. Er würde lernen müssen, bei alledem ein eigenes Vertrauen zu entwickeln und eigene Risiken einzugehen. Sie hatten sich Mühe gegeben – so viel stand fest.

Eine jähe Welle von Schuldgefühlen drang auf ihn ein, als er sich an das letzte Mal erinnerte, als Charlie versucht hatte, ihm einen Arm um die Schulter zu legen. Andrew war zurückgezuckt, als sei der andere ein Tier. Es tat ihm leid, sehr leid. Er hatte sich im Stillen geschworen, nie wieder so zu reagieren.

»Noch was da, Champ?« fragte Charlie ihn. Sie hatten Andrew damit betraut, einen Teil ihrer Utensilien, einschließlich des Öls, zu tragen. Aus der Sporttasche holte er eine neue Flasche. Charlie überließ Tom diejenige, die sie benutzt hatten, um ihm die Beine einzuölen. Er nahm die neue für seine eigenen.

»Nicht gerade grandios, was?« fragte Charlie, während er sich an die Arbeit machte.

»Oh, doch, sehr!« sagte Andrew ohne nachzudenken. Dann wurde er rot. Die Männer um ihn her waren an das alles hier offensichtlich gewöhnt. Sie widmeten sich ihren Übungen, um sich aufzupumpen – wie Charlie die kurze Tortur zu bezeichnen pflegte, der sich alle unterzogen, um der besseren optischen Wirkung wegen das Blut ihn ihre Muskeln zu pressen – oder sich einzuölen wie Tom und Charlie. Ihnen mochte der Gedanke, so viele Männermuskeln zusammen in einem Raum zu sehen, vertraut sein, aber Andrew hatte so etwas noch nie erlebt.

Die Gerüche waren wundervoll. Das Öl und der Schweiß gingen eine schwere Verbindung ein, die fast greifbar in der Luft hing. Andrew war von so vielem fasziniert, aber auch außerstande, die Möglichkeiten, die die Situation ihm bot, voll wahrzunehmen. Er war schließlich erst sechzehn und zu einem ausgeprägten Voyeurismus noch nicht reif. Als sich jedoch der dunkelhaarige Mann in der Ecke, der noch immer nackt war, vornüber beugte, um etwas aufzuheben, das er hatte fallen lassen, und die gewaltigen, festen Hügel seines Hinterns ...

»Alles klar, Andrew« fragte Tom. »Dein Mund steht ja sperrangelweit offen.«

»Tut mir leid«, murmelte Andrew, der um seine Fassung rang. »Ist schon gut.«

Jemand kam in den Umkleideraum und sagte den Konkurrenten, sie sollten sich beeilen. Die Zuschauer wurden unruhig, und die Kampfrichter waren bereit. Andrew schüttelte den Kopf. Wenn die Leute jetzt schon unruhig wurden, aber hallo!

Als der Beginn der Veranstaltung näherrückte, verabschiedete Andrew sich von Tom und Charlie und ging nach draußen. Sie hatten einen Platz für ihn in der allerersten Reihe direkt vor der Bühne reserviert. Die Konkurrenz fand im Ballsaal des Hershey Hotels statt. Andrew fand das lustig. Er bezweifelte, daß hier oft Veranstaltungen wie die Mr. Gay Delaware Valley Konkurrenz stattfanden.

Der Rand der Bühne war abgerundet, und außer daß er einen tollen Blick auf das Geschehen hatte, konnte Andrew infolge des Winkels auch den größten Teil des Publikums sehen.

Die Veranstalter der Konkurrenz hatten nach den tragischen Ereignissen daran gedacht, abzusagen. Dann aber hatten sie beschlossen, das Beste, was sie tun könnten, sei, das Leben wie gewöhnlich weitergehen zu lassen. Sie wollten der Angst, die unter den Leuten um sich greifen könnte, nicht nachgeben. Statt dessen hatten sie sich für eine kurze Gedenkminute für die Opfer der beiden schweren Tragödien zu Beginn der Veranstaltung entschieden.

Ein Mann stand auf und setzte zu einer Rede an, die Andrew zu lange und zu deprimierend empfand. Bald erkannte er jedoch, daß sie das in Wirklichkeit gar nicht war. Er war eben immer noch erleichtert, daß es Draper nicht mehr gab. Eine der beiden bösen Mächte in seinem Leben war beseitigt worden. Dafür konnte er nicht anders, als dankbar sein. Tom hatte ihm erklärt, es sei okay, sich diese Gefühle zuzugestehen, wenn sie kamen. Einen gewissen Kummer würde er später empfinden, aber es war nicht gesund, sich für den Tod von Draper schuldig zu fühlen.

Dies war der Inhalt ihres Gesprächs an jenem ersten Morgen gewesen, als Charlie sie entdeckt hatte. Andrew hatte überhaupt nicht schlafen können und war sich sicher, daß sein Zorn und sein Haß den früheren Lehrer, der ihn so mißbraucht hatte, getötet hatten. Tom hatte ihn überzeugt, daß das nicht stimmte. Sein Haß hatte nicht die Macht, andere Menschen umzubringen.

Andrew bemühte sich, all diese Gedanken zu verscheuchen. Jetzt war nicht die Zeit, sich um solche Dinge zu sorgen. Er gab zu viel für die Zukunft zu planen. In diesen Tagen mit Charlie und Tom war ein Traum für ihn Wirklichkeit geworden. Ihr Haus, die Art, in der sie sich liebten und sich so besonders um ihn kümmerten, machten, daß es ihm besser ging als je zuvor in seinem Leben.

Eines Tages wäre er erwachsen genug, um zu sein wie sie. Das war ein angenehmer Gedanke. Sorglos ließ er den Blick über die Menge schweifen. Vielleicht werde ich wie die beiden da. Er beobachtete ein Paar, das gerade hereinkam. Einer der beiden sah aus, als sei er nicht viel älter als Andrew. Ein paar Jahre vielleicht, aber nicht viele.

Er hatte dunkles Haar und eine Hautfarbe, die wirkte, als würde man keinen einzigen Pickel entdecken, wenn man ihm direkt ins Gesicht blickte. Seine Kleidung saß ihm wie angegossen – nicht weil sie aus elastischem Material bestand, sondern weil die Brust und die Beine des jungen Mannes so offenkundig gut gebaut waren und sich unter dem Stoff abzeichneten. Er war nicht so breit wie Tom oder Charlie, aber zweifellos verfügte er über alle Kraft, die er brauchte. Und außerdem sah er eindeutig scharf aus. Sehr scharf sogar.

Dieser Mann verdiente einen solch attraktiven Lover wie

den etwas älteren Mann, der an seiner Seite eintrat. Dieser Typ war ebenfalls kräftig gebaut. Er trug ein eng anliegendes Hemd, das ein paar sehr hübsch geformte Muskeln auf seiner Brust und seinen nackten Armen erkennen ließ. Sie waren so kompakt, daß sie mit jeder Bewegung eine neue Form anzunehmen schienen.

Er erinnerte Andrew an etwas – ach ja, eine Statue, die er einmal in einem Buch gesehen hatte. Darin waren griechische Skulpturen abgebildet gewesen – das war es.

Das Paar nahm seine Plätze ein, und Andrew schaute sich weiter im Raum um. Es würde Spaß machen, schwul zu sein! Erst jetzt war er in der Lage, das zu begreifen. Drapers Scheiße über die Einsamkeit im Alter und die Unfähigkeit von Schwulen zu wirklichen Beziehungen war genau das: Scheiße. Tom und Charlie waren der Beweis. Und dieses andere Paar, und die vielen anderen in dem Raum. Es waren Hunderte. Anders als die dirty old men, die Draper immer mitgebracht hatte, waren das Leute, unter denen aufzuwachsen und zu sein wie sie Andrew nicht ängstigte.

Dann sah Andrew ihn.

Sein ganzer Körper verkrampfte sich. An seinem Rückgrat entlang brach ihm der Schweiß aus und durchtränkte sein Hemd. Was hatte der hier zu suchen?

Andrew saß wie versteinert auf seinem Sitz. Er wollte alles vermeiden, was die Aufmerksamkeit auf ihn hätte lenken können. Am liebsten wäre er mit dem Hintergrund verschmolzen.

Die Lichter wurden abgedunkelt, und er atmete freier. In der Dunkelheit würde ihn der Mann wenigstens nicht so leicht sehen. Nun, da die Einleitung vorüber war, begann der Wettbewerb.

Einer nach dem anderen kamen die Männer auf die Bühne; die winzigen, alles enthüllenden Slips waren das einzige, was ihren Körper bedeckte. Und das auch nicht besonders gut. Andrew hätte die Show gerne aus größerer Nähe gesehen. Sein Platz war so toll, daß er, wenn er gewollt hätte, die Umrisse der Genitalien der Männer deutlich hätte ausmachen können. Sie trugen überhaupt nichts darunter, um die Einzelheiten zu glätten – so viel war sicher.

Es war Andrew jedoch nicht möglich, den Blick von dem Teil des Ballsaals abzuwenden, wo er ... ihn gesehen hatte. Noch immer brannte die Frage in seinem Kopf: Was macht mein Vater hier?

Die einzige Antwort, die einen Sinn ergab, war, daß sein Vater wußte, daß Draper tot war, und daß er gekommen war, um Anspruch auf ihn zu erheben. In einem Anfall von Übelkeit erinnerte Andrew sich an sein früheres Leben und die Gründe, aus denen er in Drapers 'Arrangement' eingewilligt hatte. Zwei Jahre zuvor war Draper ungleich besser gewesen als die einzige andere Wahl, die der Jungen zu haben geglaubt hatte.

Die Erinnerung an den rauhen Ledergürtel, der ihm die Haut zerfetzte, hatten die leichten Schläge, die Draper ihm beim Sex verabreicht hatte, wie Vorspiel erscheinen lassen. Und dafür hatte er es eine Weile ja auch gehalten.

Aber er wollte nicht weg von Charlie und Tom! Das durfte einfach nicht geschehen. Ein neuer Ansturm von Gefühlen überrollte ihn. Ganz oben auf der Liste stand Panik. Es war ein Ding der Unmöglichkeit, aufzustehen und aus dem Saal zu kommen, ohne Aufsehen zu erregen. Auch hinter die Bühne kam er nicht; der Weg dorthin wurde von stehenden Zuschauern versperrt, die sich wahrscheinlich beschweren würden – möglicherweise lautstark –, wenn er versuchte, an ihnen vorbeizukommen.

Andrew bekam immer mehr Angst. Er wendete seine Augen nicht von der Stelle ganz am Ende des Ballsaals, wo er seinen Vater zuletzt gesehen hatte. Da er nicht in die grellen Lichter blickte, die auf die Bühne gerichtet waren, paßte sich seine Sicht an das Dämmerlicht im Zuschauerraum an.

Jetzt wurde Tom angekündigt. Andrew kam sich etwas unloyal vor, daß er nicht auf den Auftritt des schwarzen Mannes achtete. Aber er kam nicht über das Entsetzen hinweg, das ...

Dann sah er, wie sein Vater in seinen Mantel griff, um etwas hervorzuziehen. Neben ihm stand noch ein anderer Mann, den Andrew nicht erkannte. Sie hielten etwas in der Hand.

»Haltet sie auf!« schrie Andrew aus Leibeskräften. »Sie haben Bomben!«

Die Menge schrie auf und versuchte, den Zuschauerraum zu verlassen. Plötzlich gingen die Lichter an. Sie blendeten einige der Männer deren Angst sich dadurch noch steigerte.

Wegen des Bühnenlichts waren Tom und Charlie jedoch an die Helligkeit gewöhnt. Sie starrten Andrew an. Er deutete zum Ende des Saals, wo sein Vater und der andere Mann etwas bereit machten.

Die beiden Freunde machten einen Satz von der Bühne und rannten auf die Männer zu. Die mittleren Sitzreihen waren leer, verlassen von ihren flüchtenden Inhabern, die sich in den Ausgängen drängten. In nichts als ihren knappen Slips sprangen Tom und Charlie über die Sitze.

Das andere Paar bahnte sich seinerseits den Weg nach hinten. Sie kamen als erste an. Der Jüngere, Dunkelhaarige, versetzte dem Kopf des einen Bombenlegers einen krachenden Schlag. Dessen Packen fiel zu Boden. Andrews Vater jedoch war noch immer unversehrt. Bevor der statuenhafte Mann ihn erreichte, hatte er sein Paket in die Mitte des Ballsaals geschleudert.

Charlie fing es auf! Das jahrelange Footballspielen hatte sich ausgezahlt. Den Bruchteil einer Sekunde lang schaute er das plastikumkleidete Bündel an, dann rannte er über die restlichen Stühle hinweg auf den Kampf zu, der zwischen den vier Männern tobte. Die beiden Bombenleger und das andere Paar bekämpften sich mit einer Verbissenheit, die jedermann verblüffte.

Charlie sah den Kampf. Er hatte nicht einmal angehalten, um sich zu vergewissern, ob der Junge die Wahrheit sagte. Es war keine Zeit, um herauszufinden, ob Andrew einen psychotischen Anfall hatte. Bomben! Bei einer schwulen Veranstaltung nach den letzten Tagen in Philadelphia mußte eine solche Warnung ernst genommen werden.

Während er durch den Ballsaal stürzte, erkannte Charlie, daß der allgemeine Aufruhr einen Vorteil hatte: er hatte die anderen Gaffer verscheucht und den Ausgang freigemacht. Er setzte über die letzten Stühle und sah das andere Päckchen auf dem Fußboden. War es scharf? Er hatte nicht die zeit, danach zu fragen.

Er schnappte es und stürmte in die Eingangshalle des Hotels. Hier war der Teufel los. Wenigstens gab es hier kein solches Gedränge wie im Ballsaal, und er hatte Bewegungsfreiheit. Plötzlich stellte er fest, daß in de Päckchen, die er trug, etwas tickte.

Er mußte sie loswerden.

Blitzartig fiel ihm die Zeit als Footballspieler in Temple ein. Einmal waren sie so weit gewesen, daß sie Penn State hätten schlagen können, wenn er den weiten Paß im letzten Viertel verlängert hätte. Na fein, dieser glorreiche Sackhalter konnte es vielleicht nicht mit einer Uniform aufnehmen, aber Charlie versetzte sich in Erinnerung zurück zu diesem Spiel.

Jetzt mach den Ausgleich für verlorenen Ruhm, Mann. Pack es!

Er schwang eines der schweren Pakete über die Schulter zurück und warf es mit Gebrüll durch die Luft. Der Wurf war perfekt! Auf dem Spielfeld hätte es fünfzig Meter geschafft! Hier kam es nur so weit, wie es mußte. Es traf das Fenster zur Broad Street und zerschmetterte es beim Aufprall. Das zweite Päckchen folgte ihm mit der gleichen Wucht durch das gleiche Loch.

Als sich das zweite Paket eben in der Luft über dem Asphalt befand, um dem anderen aufs Pflaster zu folgen, kam es zu einer Doppeldetonation. Ihre Wucht schleuderte Charlie so hart gegen die Wand, die sich hinter ihm befand, als sei er von der gesamten Abwehr von Penn State überrannt worden. Aber das spielte keine Rolle. Diesmal hatte er seinen Touchdown geworfen. Er hatte das Spiel gewonnen.

XV

Dieser Teil zumindest war erledigt. Charlie legte den Stapel von Papieren hin, der das Ende des Adoptionsverfahrens darstellte, das er und Tom in Gang gesetzt hatten, um Andrew Manger zu ihrem Sohn zu machen. Es war nervenaufreibend gewesen, aber glücklicherweise hatte das Gericht die komplexe Dynamik dieses Falles verstanden und war zu dem Schluß gekommen, daß gute schwule Rollenvorbilder für Andrew das Beste waren, nach all dem, was er durchgemacht hatte.

Außerdem war da die unumstößliche Tatsache, daß Andrews Vater nicht geeignet war, den Sohn zu nehmen. Stu Manger war durch und durch psychotisch. Sie hatten die einzelnen Stücke schließlich zusammengefügt. Auch er war Schüler von Terry Draper gewesen und als Junge von Draper sexuell verführt worden.

Draper war noch bösartiger gewesen, als alle gedacht hatten. Die obszönen Aufnahmen von Andrew hatte er absichtlich gemacht, um sie dem Vater des Jungen, seinem früheren Opfer, zuzuspielen. Stu war von Schuldgefühlen über das, was zwischen ihm und Draper vorgefallen war, überwältigt worden. Aus diesem Grund hatte er die Affäre mit Draper eines Tages abgebrochen, was dieser ihm nie verziehen hatte. Der ältere Mann war gewohnt, daß er es war, der die Jungen fallenließ. Er verabscheute es, derjenige zu sein, den man abserviert hatte.

Es spielte keine Rolle, daß Stu Manger von neurotischen Erinnerungen an sein Verhältnis gequält wurde. Draper hatte immer vorgehabt, sich an ihm zu rächen. Stus einsamen und mißhandelten Sohn in seiner Gewalt zu wissen, war genau das, was er brauchte, um Manger den Rest zu geben. Es hatte funktioniert. Manger war nicht nur überzeugt, daß er die 'Krankheit' Homosexualität durch seine Gene an seinen Sohn weitergegeben hatte, die Tatsache, daß Andrew auf diesen Bildern war, hatte Stu so rasend gemacht, daß er es nicht ertrug, den lebenden Beweis seiner eigenen Vergangenheit im Haus zu haben.

Er hatte in Drapers krankhafte Forderungen eingewilligt und den Jungen zu ihm gebracht, ihn einer Hölle ausgeliefert, die einst bewohnt zu haben er sich nicht verzeihen konnte.

Nachdem dies geschehen war, hatte in Manger der Wunsch nach primitiver Rache getobt. Er war der *Organisation* beigetreten und zu einem ihrer erfolgreichsten und eifrigsten Anhänger geworden.

Zu denken, daß die krankhaften sexuellen Begierden eines Mannes eine solch lange Reihe von Ereignissen in Gang setzten konnten! Charlie wußte, daß auch zu der *Organisation* noch Fragen offen waren: Woher hatten sie so viel Geld? Wer war noch darin verwickelt? Aber das waren Fragen, auf die andere die Antworten zu finden hatten. Charlie hatte seine neue Arbeit als Schulleiter, die ihn, zusammen mit seiner neuen Rolle als Vater, ausfüllte.

Er liebte sie beide.

Die Federico Garcia Lorca Academy lag weit von der Vorstadt entfernt. Aber wenn er an seinem Schreibtisch vor einem Stoß Prüfungsarbeiten saß, die zensiert werden mußten, konnte Charlie Bergen sich nicht erinnern, jemals mehr Begeisterung für den Lehrerberuf empfunden zu haben.

Sie hatten beschlossen, die Highschool nach dem berühmten spanischen Dichter und Dramatiker zu benennen, der von Francos Geheimpolizei ermordet worden war. Nach den zurückliegenden Ereignissen hier in der Stadt erschien der Name eines Märtyrers für ein schwul-lesbisches Institut in

Philadelphia angemessen. Außerdem hatten sie so viele Schüler lateinamerikanischer Herkunft, daß alle einverstanden waren, die Highschool nach einem Spanischstämmigen zu nennen. Charlie runzelte die Stirn, wenn er sich an den Kommentar ihres Wohltäters erinnerte, nachdem dieser gehört hatte, welchen Namen die Akademie bekommen sollte: »Na, wenigstens nicht Sousa!«

Mr. Farmdale war eindeutig ein ... einzigartiger Mensch. Er war nach Philadelphia gekommen, nachdem das Blutbad beendet war, und hatte augenblicklich eine lange und private Unterredung mit Alex Kane geführt. Die beiden mußten sich über ein gewaltiges persönliches Problem gestritten haben. Sie hatten stundenlang gebrüllt und sich angeschrien. Aber alles hinter geschlossenen Türen.

Danny Fortelli hatte Charlie, Tom und Andrew einfach nur bewirtet und nicht auf die gelegentlichen Geräusche von zersplitternden Vasen und Möbeln geachtet, die aus dem anderen Raum der Suite im Four Seasons drangen.

»Keine Angst«, hatte Danny liebenswürdig gesagt. »Sie unterhalten sich nur über die Höhe der Spende.«

Die Bemerkung hatte keinen Sinn ergeben, nachdem die beiden Männer zurückkamen. Alex hatte eine finstere Miene aufgesetzt, und Farmdale war ebenso offensichtlich unzufrieden mit dem, was sich zugetragen hatte. Ihre Stimmung änderte jedoch nichts an der Höhe des Schecks, den Mr. Farmdale ausgestellt und den beiden Lehrern überreicht hatte.

»Es gibt nur eine Bedingung«, hatte er rätselhafterweise erklärt. »An dieser Schule darf es nie – niemals – eine Blaskapelle geben.«

»Wenn sie eine gottverdammte Blaskapelle haben wollen ...«

Danny hatte Alex nur eine Hand auf die Schulter gelegt,

um die Lage zu beruhigen. Das war auch gut so. Charlie und Tom waren über den Geldbetrag, der ihnen gerade ausgehändigt worden war, so ausgeflippt, daß sie noch mehr Aufregung nicht überstanden hätten.

Danach waren sie zu einem Festmahl ins Warsaw Café gegangen. Danny machte eine Pause über seinen Piroggen – dem speziellen Appetithappen, für den das Restaurant berühmt war –, um zu erklären, daß sie die Fähigkeiten von Charlie und Tom für die schwule Gemeinschaft gewinnen wollten.

»Es gibt viel zu viele Kinder wie Andrew, die zu Hause rausgeworfen werden und nicht wissen, wie sie einen Schulabschluß machen sollen. Für sie wurden ein paar Schulen gegründet – eine davon in New York – und wir halten das für eine tolle Idee. Ich weiß bestimmt alles darüber.« Danny schien mit einem Mal traurig zu werden. Charlie und Tom wußten, daß irgendeine schmerzhafte Erinnerung an seine eigene Jugend aufgetaucht war. Aber er schüttelte seine Schwermut ab.

»Ihr beide habt so viel Publicity gehabt, daß es euch schwerfallen wird, einfach an die Schule zurückzugehen, als sei nichts passiert. Besonders nach den ganzen neuen Fotos von Charlie im Posingslip, nachdem er die Bomben aus dem Hotel geworfen hat.

Wir dachten uns, ihr wäret tolle Kandidaten, um eine schwule Schule hier in Philadelphia zu gründen. Ihr seid eindeutig qualifiziert dafür, und es ist das, was ihr, wie ihr sagt, mit eurem Leben anfangen wollt. Geld haben wir euch genug gegeben; einiges davon könnt ihr für euch verwenden, und die Zinsen für den Rest sollten für eine Stiftung ausreichen. Alles, was wir dafür verlangen, ist, daß ihr die Kinder gut erzieht und ihnen helft, zu lernen.«

Charlie war im siebten Himmel gewesen. Das wagte er

aber erst zu sagen, als er mit Tom alleine war. Er machte sich Sorgen, die Umwälzungen könnten zuviel für seinen Freund sein. Schon wahr, Tom hatte in letzter Zeit eine gewisse Leidenschaft entwickelt, aber eine Vollzeitstelle in einer Schule für schwule Jugendliche anzunehmen, war viel verlangt.

Es hatte jedoch nur ein Bedenken gegeben: »Wird es dort genügend andere Jungs im richtigen Alter geben, daß Andrew Football spielen kann? Das will er nämlich, hat er gesagt.«

»Aber was ist mit uns, Tom?«

»Mit uns? Charlie, wir werden die fortschrittlichste Schule aufbauen können, an der zu arbeiten wir uns immer erträumt haben. Und die Umstände sind perfekt. Kein Versteckspiel mehr. Keine Lügen mehr. Wir werden so leben können, wie du es immer gewollt hast.«

»Wie ich es immer gewollt habe?« Charlie behagte es nicht, ihm die ganze Verantwortung aufgebürdet wurde.

Tom kam auf ihn zu und umarmte ihn. »Wie wir beide es immer wollten.«

Dann machten sie sich an die Arbeit. Andrew hatte einige andere junge Leute aus einer schwul-lesbischen Rap-Gruppe in der Stadt kennengelernt. Sie wurden ganz aufgeregt bei dem Gedanken, an eine homosexuelle Schule zu gehen. Einige wollten es aus dem einfachen Grund, weil es bedeutete, daß sie den Quälereien anderer Jugendlicher gegen sie entfliehen konnten. Noch mehr von ihnen wollten in einem anderen Umfeld lernen können, in einem, das nicht davon ausging, sie seien heterosexuell, und dadurch bewirkte, daß sie sich so ausgegrenzt vorkamen.

Tom und Charlie waren überrascht gewesen, wie viele soziale Organisationen mithalfen, noch mehr Schüler an die

Lorca Academy zu bringen. Jetzt hatten sie keinen Zweifel mehr, daß ihre Schule notwendig war.

Inzwischen war die schwere Arbeit erledigt. Die Pforten waren seit einem Monat geöffnet. Sie bedauerten nichts. Nun ja, nur eins. Es gab nicht genügend andere Jungs im richtigen Alter, die sich für Sport begeisterten, um eine Footballmannschaft aufzustellen. Charlie und Andrew würden ohne sie auskommen müssen.

Nicht, daß Andrew allzu sehr enttäuscht gewesen wäre. Er hatte sich wunderbar in das Zusammenleben mit den beiden Freunden eingegliedert. Er war entschlossen, der beste Schüler an der Akademie zu werden, und die ersten Hinweise auf seine Lerngewohnheiten zeigten, daß er es schaffen konnte. Die drei waren inzwischen ein solch fester Haushalt geworden, daß sie nicht viel Zeit hatten, sich um eine simple Footballmannschaft zu grämen, die nicht zustande kam.

Charlie schaute auf die Uhr. Jetzt kam eine seiner Lieblingsstunden. Auch wenn es nicht sehr schön von ihm war, seinen Geliebten zu bespitzeln, ließ Charlie sich die Gelegenheit nur selten entgehen. Er verließ seinen Schreibtisch und ging leise durch den Flur zu Raum 105.

Dort war ein lautes, helles Geschnatter im Gange.

»Herrschaften! Herrschaften!« Toms Stimme übertönte den Krach. »Jetzt ist nicht die Zeit, Schminktips auszutauschen.«

Auf Toms Befehl hin wurde es augenblicklich still. Dann machte sich die Klasse an die mühevolle Arbeit, Englisch als Zweitsprache zu lernen. Die Teilnehmer an diesem besonderen Kurs waren alle spanischsprechende Einwanderer, die aus dieser oder jener Schule in Philadelphia geflogen waren – nicht wegen ihrer Sprachprobleme, sondern wegen ihres effeminierten Verhaltens.

Gewiß gab es auch viele andere spanischsprechende Jungen, die im Macho-Block die große Nummer abzogen. Sie waren die begeistertsten Teilnehmer am Kraftsport- und Bodybuildingprogramm der Lorca Academy. Einige von ihnen waren ernsthaft bei der Sache. Eine größere Zahl war lediglich daran interessiert, die teuren Nautilusgeräte zu benutzen, die ihnen die Brust- und Arschmuskeln versprachen, die sie sich wünschten.

Es gab jedoch auch so viele effeminierte Jugendliche hispanischer Abkunft, daß für sie eine eigene Klasse eingerichtet werden mußte.

Für Tom war das die bisher größte Herausforderung gewesen, und er ging sie mit fliegenden Fahnen, wenn auch gezügeltem Temperament, an. Charlie hörte noch eine Weile zu und ging dann ins Büro zurück. Er hatte nur noch eine halbe Stunde, bis er zur Sporthalle mußte, um das Basketballtraining zu beaufsichtigen.

»Hey, Mr. Bergen.«

Charlie drehte sich um und sah Bessie Anderson auf sich zukommen. Sie war eine riesige schwarze Lesbe, die sich als erstes Mädchen bei Lorca gemeldet hatte. Er begrüßte sie herzlich. »Was kann ich für dich tun?«

»Stimmt es, was gesagt wird? Daß Sie Footballtrainer sind?«

»Hm, ja, Bessie. Früher wenigstens.«

»Und wieso hat die Akademie keine Mannschaft?«

»Es gab nicht genügend Jungs.«

»Also wirklich, Mr. Bergen. Sie haben gesagt, das Sexismuszeugs, das gibt's hier nicht. Sie haben versprochen, daß die Mädchen die gleichen Chancen kriegen wie die Jungs.«

Charlie starrte sie entgeistert an.

»Schau'n Sie, ich und 'n paar andere wollten schon immer

Football spielen. Wie wär's mit uns? Auf dem Spielfeld, mein ich. Können Sie uns in Form bringen? Ich hab gehört, eine von den feinen Oberschulen in Main Line's haben jetzt 'ne Mädchenmannschaft. Wir könnten gegen sie spielen – falls die sich gegen die Lorca Tigers auf den Platz trauen.«

»Die Lorca Tigers?«

»Klar, wir dachten, das wär'n cooler Name für 'ne Frauen-Footballmannschaft, meinen Sie nicht? Also, was sagen Sie? Können wir bei Ihnen trainieren? Sagen wir, ab nächsten Montag?«

»Na, klar, Bessie«, stotterte Charlie. »Ich würde mich freuen, es euch beizubringen. Aber gibt es bei euch jemand, der weiß, wie man wirft? Überhaupt etwas von dem Spiel? Irgendwas ...«

»Mr. Bergen, Sie finden schon raus, ob das irgend eine von den Tigers kann. Ich? Ich spiele strikt Linienabwehr. Stellen Sie sich vor, wenn ich jetzt anfange, gibt es vielleicht Profifootball für Frauen, wenn ich abgehe. Na, also dann, bis nach der Schule am Montag, okay? Ich schaff die andern her; verlassen Sie sich drauf.«

Charlies sah Bessies massigem Hinterteil durch den Flur nach und mußte gegen seinen Willen lächeln. Er würde also doch noch seine Footballmannschaft bekommen! Er fragte sich nur, ob Andrew wohl als Cheerleader glücklich werden würde.

XVI

Sie hatten einen großen Teil ihres Glücks geopfert, um dafür zu sorgen, daß Menschen wie Charlie, Tom und Andrew in dieser Welt eine Chance hatten. Sie hatten es bewußt getan. Aber es lag etwas in der Luft, das Alex Kane und Danny Fortelli anzeigte, daß ihr eigenes Leben noch schwieriger zu werden drohte. Da war dieser Unterton bei dem Telefongespräch gewesen, die unbeantworteten Fragen von Philadelphia und jetzt ...

Der Hubschrauber kreiste über den Bergen von New Hampshire. Alex und Danny schauten zu, während er sanft zur Erde sank. Der Lärm war ohrenbetäubend. Selbst als er gelandet war und die Motoren gedrosselt wurden, dröhnten die weiterhin wirbelnden Rotorblätter so laut, daß sie nicht mit Joseph Farmdale reden konnten, als er ausstieg und auf sie zukam.

Sie waren nicht sicher, um was es bei dem eiligen Zusammentreffen ging. Sie hatten einen Anruf bekommen, der nur besagte, daß Farmdale so schnell wie möglich mit ihnen sprechen müsse und sie aufsuchen würde.

Sie gingen ins Haus und nahmen dort Platz. Das Paar hatte den alten Mann noch nie in so schrecklicher Verfassung gesehen. Alex befürchtete, er wolle ihnen mitteilen, daß er sterben würde. Er war sich Farmdales Alter stets bewußt, aber irgendwie war der Gedanke, der ältere Mann könne sie verlassen, nie jemals real gewesen. Es sagte etwas über seinen Zustand aus, daß der Gedanke sich jetzt in Alex' Kopf einnistete.

»Ich muß mit euch über Philadelphia sprechen.« Farmdale sprach, ohne ihnen in die Augen zu blicken. Ein Beweis mehr, daß etwas Außerordentliches im Gange war. »Wir haben endlich herausgefunden, wie die *Organisation* finanziert wurde.«

Das war das große Geheimnis gewesen. In der *Organisation* hatte mehr Geld gesteckt, als paramilitärische Gruppen es normalerweise hatten. Es war ihnen nicht gelungen, auch nur einen der Leute, die sie festgenommen hatten, dazu zu bringen, aufzudecken, woher der Reichtum stammte, der es der *Organisation* ermöglicht hatte, so viele Männer zu bezahlen.

Alex und Danny warteten ab. Es bereitete Farmdale offensichtlich Mühe. »Es war ... mein Sohn.«

Danny war entgeistert. Er richtete sich in seinem Sessel auf und versuchte, einen Sinn in dem zu entdecken, was Farmdale gerade gesagt hatte. James war tot! Und selbst wenn er am Leben wäre, war er doch Alex' erster Liebhaber gewesen. James hätte sicher nicht ...

»Sie meinen Theodor?« fragte Alex Kane mit sanfter Stimme.

»Ja.« Farmdale sah aus, als wolle er in Tränen ausbrechen. »Ich habe euch nie erzählt, wie wütend er war, als er erfuhr, daß James das Geld Ihnen hinterlassen hatte. Er wurde sogar noch zorniger, als er entdeckte, daß ich das Familienvermögen dazu benutzte, einige eurer Aktionen zu bezuschussen und Stiftungsprojekte wie die Lorca Academy zu finanzieren.

Er war nie brereit, darüber zu diskutieren. Ich versuchte, es zu erklären, aber seine Selbstsucht und sein Egoismus machten es ihm unmöglich, es zu verstehen.

Nun habe ich herausgefunden, daß er sein eigenes Geld dazu verwendet, uns zu bekämpfen. Er wird die modernsten Waffen und die klügsten rechtsradikalen Gruppen gegen uns ins Feld führen, Alex. Der Mann ist bösartig – aber auch begabt. Er stellt die größte Gefahr dar, der wir je gegenüberstanden, und es gibt nur eines, was ihr dagegen tun könnt.

Alex, ihr müßt meinen Sohn finden und ihn aufhalten.«

Der alte Mann stand auf, Tränen rollten ihm über die Wangen. Alex und Danny erhoben sich und gingen auf ihn zu. Danny legte die Arme um Farmdale, dessen Körper mit einem Mal so zerbrechlich und verletzlich wirkte.

Alex legte ihm eine Hand auf die Schulter. Die beiden anderen umarmten sich in ihrem Schmerz. Die Augen von Alex Kane jedoch spiegelten weit mehr wider als den Kummer über eine weitere Familie, die von Intoleranz und Haß auseinandergerissen worden war. Sie leuchteten in einem wilden, funkelnden Grün. Es war das Zeichen dafür, daß er zur größten Schlacht seines Lebens bereit war.

LOVERBOYS - EROTISCHE ROMANE UND ERZÄHLUNGEN

Broschur, jeweils DM 22,–

Loverboys 10:
Larry Townsend:
Heiße Fälle für Sherlock Holmes.
256 Seiten, ISBN 3-86187-040-1

Loverboys 11:
Ernest Posey: Galaxien der Lust.
256 Seiten, ISBN 3-86187-041-X

Loverboys 12:
Tom Caffrey: Men at work.
208 Seiten, ISBN 3-86187-042-8

Loverboys 13:
Christopher Morgan (Hg.):
Sportsfreunde
192 Seiten, ISBN 3-86187-043-6

BRUNO GMÜNDER

Bitte fordern Sie unseren Verlagsprospekt an!